Qualitäts-
techniken

**Werkzeuge zur Problemlösung
und ständigen Verbesserung**

•

Philipp Theden
Hubertus Colsman

W0177845

Inhaltsverzeichnis

Einleitung

Der Einsatz von Qualitätstechniken führt zu einer verbesserten Gestaltung von Abläufen und unterstützt die
gezielte Lösung von Problemen in allen Bereichen des
Unternehmens. Da ihr Einsatzgebiet nicht nur auf eine
spezielle Branche begrenzt ist, bringen sie sowohl dem
produzierenden Unternehmen als auch dem Dienstlei-
ster einen erheblichen Nutzen.
Ihr klassisches Einsatzgebiet ist die Qualitässicherung
und das Qualitätsmanagement, wo sie alle Phasen des
Produktentstehungsprozesses unterstützen.

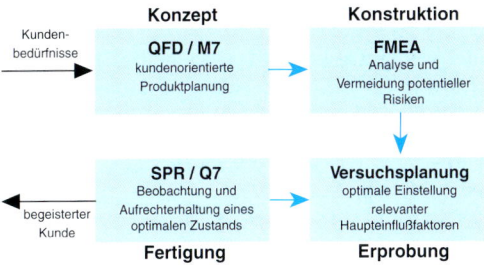

Darüber hinaus können sie jedoch für eine Reihe anderer Zwecke eingesetzt werden, z.B. im Rahmen des
Umweltmanagements oder für die Entwicklung neuer
Dienstleistungen. Werden sie konsequent eingesetzt,
bedeutet dies zwar zunächst einen erhöhten Aufwand,
aber durch das schnellere Erreichen der Kundenbedürf-
nisse und die gezielte Vermeidung von Fehlern wird

dieser Mehraufwand wieder ausgeglichen und es können dadurch insgesamt Kosten eingespart werden. Obwohl sie überwiegend für die fachübergreifende Arbeit im Team entwickelt wurden, lassen sich einige der vorgestellten Methoden auch bei der Arbeit allein einsetzen.

Folgende Qualitätstechniken werden in den einzelnen Kapiteln beschrieben:

• Sieben Elementare Qualitätswerkzeuge (Q7)
• Sieben Managementwerkzeuge (M7)
• Qualitätsfunktionen-Darstellung (QFD)
• Fehlermöglichkeits- und -einflußanalyse (FMEA)
• Statistische Versuchsplanung (SVP)
• Statistische Prozeßregelung (SPR)

Dabei werden sowohl die einzelnen Schritte ihrer Durchführung beschrieben, als auch Hinweise gegeben, auf welche Faktoren bei ihrem Einsatz besonders geachtet werden muß. Daneben gibt es Tips zum Einsatz oder der Durchführung der Methoden.

 Tip

 Hürden und Stolpersteine

Sieben Elementare Qualitätswerkzeuge (Q7)

Die Sieben Elementaren Qualitätswerkzeuge (Q7) sind eine Zusammenstellung von Methoden, die zur Unterstützung von Problemlösungsprozessen eingesetzt werden können. Es werden dabei vorwiegend Zahlen verarbeitet. Die Q7 sind leicht verständlich und mit einfachen Hilfsmitteln (Pinnwand, Stifte, Karten usw.) durchzuführen. Ursprünglich für die Arbeit in Qualitätszirkeln entwickelt, lassen sich die Q7 bei jeder Art von Gruppenarbeit für nahezu jede Art von Problemen einsetzen. Die Q7 dienen dabei der Erfassung und Untersuchung von Fehlern.

In der Phase der **Fehlererfassung** werden *Fehlersammellisten*, *Histogramme* und *Qualitätsregelkarten* benutzt. Sie bieten die Möglichkeit, Informationen über Fehlerarten, -orte und -häufigkeiten zu erlangen und grafisch darzustellen.

In der Phase der **Fehleranalyse** wird mit dem *Paretodiagramm* die Bedeutung der einzelnen Fehler ermittelt. Mit dem *Ursache-Wirkungs-Diagramm* werden mögliche Problemursachen gesammelt und geordnet dargestellt. Das *Brainstorming* kann dabei eingesetzt werden, wenn neue Ideen zu einem Thema gefunden und gesammelt werden sollen. Schließlich können mit dem *Korrelationsdiagramm* Wechselwirkungen zwischen einzelnen Fehlereinflüssen untersucht werden. Jedes Werkzeug kann alleine für sich angewendet werden. Einen zusätzlichen Nutzen bietet jedoch der Einsatz mehrerer Werkzeuge, da die Q7 aufeinander aufbauen. So können z.B. die Fehler aus einer Fehler-

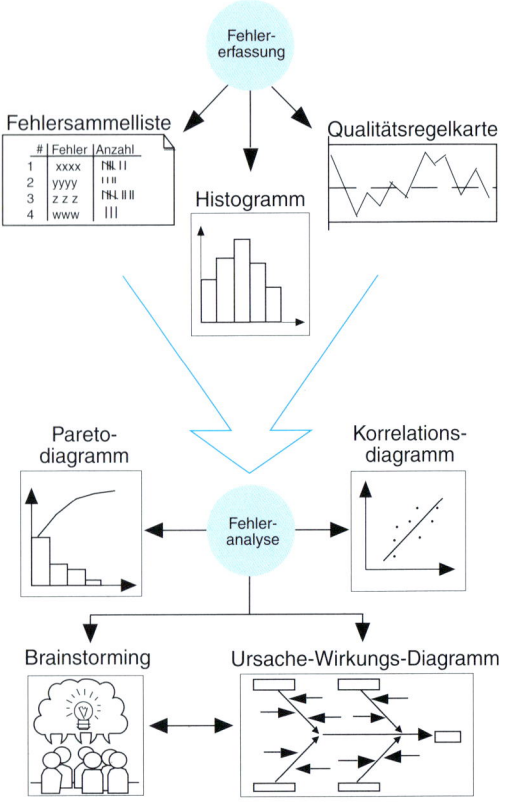

Überblick über das Zusammenwirken der Q7

sammelliste später in einem Paretodiagramm bildlich dargestellt werden. Die Q7 können dabei sowohl von Einzelpersonen als auch in Teams benutzt werden. Die Anwendung im Team bietet die Möglichkeit, Wissen aus verschiedenen Fachgebieten mit in die Problemlösung einfließen zu lassen. Das Team sollte aus ca. 4 - 7 Mitgliedern bestehen, die einerseits mit dem zu behandelnden Problem, andererseits aber auch mit dem Einsatz der Werkzeuge vertraut sind. Um die besten Ergebnisse zu erzielen sollte die Teamsitzung von einem neutralen Moderator geleitet werden. Am Ende der Sitzung sollte jedes Teammitglied eine Kopie der erarbeiteten Unterlagen und Diagramme zur Dokumentation und Weiterbearbeitung erhalten.

Fehlersammelliste

Worum geht es ?

Mit Hilfe von Fehlersammellisten können beobachtete
oder festgestellte Fehler auf einfache Weise erfaßt werden. Durch eine übersichtliche Darstellung nach Art und
Anzahl der Fehler können Trends erkannt werden, nach
denen die Fehler auftreten.

Was bringt es ?

Fehlersammellisten sind einfach anzuwenden und lie-
fern leicht verständliche Daten. Durch ihre klare Darstellung können Art und Anzahl von Fehlern schnell
verdeutlicht werden. Außerdem unterstützt die Fehlersammelliste die Festlegung eines einheitlichen Fehler-
kataloges, in dem die einzelnen Fehler genau beschrieben sind. Dies dient der besseren Verständigung zwischen den einzelnen Mitarbeitern.

Wie gehe ich vor ?

Zu Beginn wird das zu untersuchende Problem festgelegt. Weiterhin sind die bekannten Fehlerarten genau
zu bestimmen. Z.B. ist bei einer Untersuchung von lak-
kierten Flächen festzulegen, welche möglichen Lackfehler auftreten können, also Risse, Nasen, Wellen usw.
Bei einer Untersuchung von zu späten Zahlungen ist
z.B. festzulegen, was "zu spät" bedeutet. Um die Anzahl

von Fehlerarten zu begrenzen, aber dennoch eine vollständige Erfassung zu ermöglichen, sollte eine Kategorie *sonstige Fehler* aufgenommen werden. Wird eine Standardfehlerliste verwandt, ist sicherzustellen, daß alle aufgeführten Fehler für den Benutzer verständlich sind.

Wenn die Liste der Fehler aufgestellt ist, wird festgelegt, wer wann die Fehler erfassen soll. Der Erfassungszeitraum kann von Stunden bis zu Monaten reichen. Sicherzustellen ist dabei nur, daß der Beauftragte in der Lage ist, die Fehler zu erkennen. Werden die Daten über längere Zeit gesammelt, sollte gewährleistet sein, daß sie immer bei den gleichen Arbeitsbedingungen aufgenommen werden. Die Menge der untersuchten Objekte sollte begrenzt sein, damit die Übersicht nicht verloren geht.

FEHLERSAMMELLISTE

Produktnummer: *001123-KL*   Ort: *Halle 3*
Produktbezeichnung: *Toaster*   Prozeß: *Endmontage*

Nr	Fehlerart	23.8.	24.8.	Gesamt
1	Kratzer	~~TH~~ ~~TH~~ //	~~TH~~ ~~TH~~ ~~TH~~ ////	32
2	Beule	///	~~TH~~ //	10
3	Korrosion	////	~~TH~~	9
4	Verschmutzung	~~TH~~ ~~TH~~ //	~~TH~~ ~~TH~~ ~~TH~~ /	28
5	Teil fehlt	/	///	4
6	Montagefehler	~~TH~~ //	///	10
7	sonstiges	//	/	3

Prüfart: *Sichtprüfung*   Uhrzeit: *10.00 - 11.30*
        je Tag 120 Stück   Datum: *23. - 24.8.95*
                Kontrolleur: *Schmidt*

Bild A: Beispiel für eine Fehlersammelliste

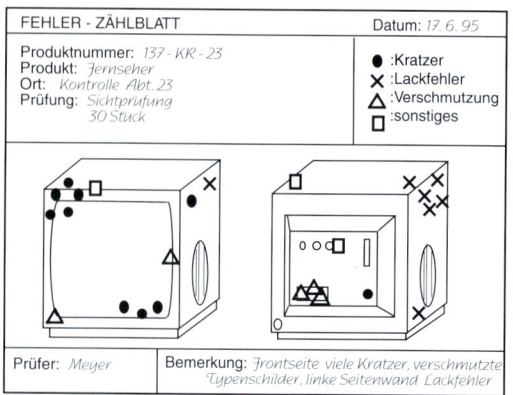

Bild B: Beispiel für ein Fehler-Zählblatt

Wenn alle Vorbereitungen abgeschlossen sind, wird der eigentliche Erfassungsbogen erstellt. Er soll leicht verständlich, vollständig und einfach zu benutzen sein und Angaben darüber enthalten, von wem, wann, wo und wie die Fehler aufgenommen wurden. Der Erhebungsbogen kann als Tabelle (Bild A) oder als Fehlerblatt (Bild B) gestaltet sein. Mit dem erstellten Erhebungsbogen sollten probehalber Fehler gesammelt und eingetragen werden. Der Bogen ist dabei auf seine Eignung hin zu überprüfen und ggf. zu verbessern. Aus den Ergebnissen der Erhebungsbögen, also z.B. bestimmten Fehlerhäufigkeiten oder Fehlerorten können erste Schlüsse auf mögliche Ursachen gezogen werden.

 Für denjenigen, der die Fehler sammelt, dürfen aus den Ergebnissen keine negativen Folgen entstehen, wenn z.B. schwerwiegende Probleme entdeckt wurden.

Histogramm

Worum geht es ?

Ein Histogramm ist ein Säulendiagramm, in dem gesammelte Daten zu Klassen zusammengefaßt werden. Die Größe einer Säule entspricht dabei der Anzahl der Daten in einer Klasse. Es lassen sich so Häufigkeitsverteilungen einfach graphisch darstellen. Dies bietet einen ersten Ansatz zur Datenanalyse und Problemlösung.

Was bringt es ?

Durch die graphische Darstellung in einem Histogramm läßt sich eine große Menge gesammelter Daten, die aus einer Tabelle heraus nur schwer zu deuten sind, übersichtlich darstellen. Mit Hilfe dieser Darstellung können schnell Aussagen über die Streuung von Prozessen gemacht werden. Es sind dadurch Rückschlüsse auf die zugrundeliegende Verteilung der Daten möglich. Das Histogramm unterstützt damit die Prozeßbeurteilung und ermöglicht Aussagen über das zukünftige Prozeßverhalten.

Wie gehe ich vor ?

Grundlage für ein Histogramm ist eine Liste von ermittelten Einzeldaten. Die Daten sollten Größen mit einer durchgehenden Skala sein, wie z.B. Länge, Gewicht, Temperatur, Zeit, Geschwindigkeit. Es sind 50 - 100 Daten notwendig, um eine Aussage über die Verteilung der Daten zu bekommen. Als Beispiel soll die Messung einer Wellenlänge mit Nennmaß $50 \pm 1,5\ mm$ dienen.

gemessene Wellenlängen in mm

51,3	49,3	50,7	50,9	50,0	48,3	50,3	48,0
48,7	50,5	49,4	50,4	48,1	50,2	49,4	50,6
50,1	49,7	48,2	49,1	51,8	50,1	49,0	49,1
49,9	47,1	50,2	48,8	49,9	47,7	50,5	51,4
49,0	48,4	49,6	49,2	50,1	49,6	52,0	49,7
49,4	50,0	48,0	52,3	51,1	49,0	49,8	51,0
50,4	49,8	50,3	49,7	47,4	51,5	50,1	50,2
48,1	51,0	49,8	48,6	50,5	48,3	50,8	47,9
51,9	50,0	49,1	49,5	48,9	49,7	50,4	50,3
50,2	48,4	52,0	50,0	49,4	50,8	48,2	51,1

$$n = 80$$

Aus den 80 gemessenen Werten wird die Spannweite R berechnet. Dafür wird der kleinste Wert X_{min} vom größten Wert X_{max} abgezogen:

$$R = X_{max} - X_{min} = 52,3 - 47,1 = 5,2$$

Dann wird die Anzahl der Klassen (k) festgelegt. Dazu dient als Faustregel: Nehme die Wurzel der Anzahl aller Werte (n) und runde zur nächstgelegenen ganzen Zahl:

$$k = \sqrt{n} = \sqrt{80} = 8,94 \rightarrow 9\ \text{Klassen}$$

Die Faustregel muß dem Einzelfall eventuell angepaßt werden. Dabei gilt: zu wenige Klassen ergeben ein zu grobes, zu viele Klassen ein zu breites und unübersichtliches Verteilungsbild.

Die Breite der Klassen (H) wird errechnet aus der Spannweite R und der Klassenanzahl k:

$$H = \frac{R}{k} = \frac{5,2}{9} = 0,58$$

Das Ergebnis sollte auf dieselbe Nachkommastelle gerundet sein wie die ermittelten Einzelwerte. Im Beispiel also H = 0,6. Aus der errechneten Klassenbreite werden nun die Klassengrenzen ermittelt. Der kleinste Einzelwert oder ein geeigneter gerundeter Wert bildet die untere Grenze der ersten Klasse. Im Beispiel ist der kleinste Wert 47,1, so daß die erste Klasse sinnvollerweise bei 47,0 beginnt. Durch Addition von H zu diesem Wert erhält man die untere Grenze der zweiten Klasse, also 47,0 + H = 47,6. Zur ersten Klasse gehören dann alle Werte, die gleich oder größer als 47,0 und kleiner als 47,6 sind. 47,6 gehört bereits zur zweiten Klasse, die bis zu 48,2 (47,6 + H = 48,2) reicht. H wird so oft addiert, bis k Klassen gebildet wurden. Die ermittelten Einzelwerte werden nun den Klassen zugeordnet und das Ergebnis in einer Häufigkeitstabelle festgehalten. Im Beispiel ergibt sich:

Klasse	Klassen-grenzen	Häufigkeit	Gesamt
1	47,00 - 47,59	||	2
2	47,60 - 48,19	⊥⊥⊥ |	6
3	48,20 - 48,79	⊥⊥⊥ |||	8
4	48,80 - 49,39	⊥⊥⊥ ⊥⊥⊥	10
5	49,40 - 49,99	⊥⊥⊥ ⊥⊥⊥ ⊥⊥⊥ |	16
6	50,00 - 50,59	⊥⊥⊥ ⊥⊥⊥ ⊥⊥⊥ ⊥⊥⊥ |	21
7	50,60 - 51,19	⊥⊥⊥ ||||	9
8	51,20 - 51,79	|||	3
9	51,80 - 52,39	⊥⊥⊥	5

Das eigentliche Histogramm wird gezeichnet, indem man auf der waagerechte Achse das gemessene Merkmal in einer Skala abträgt, welche vom kleinsten bis zum größten Wert reicht. Auf der senkrechten Achse wird die Häufigkeit aufgetragen. Nun wird über jeder Klasse ein Rechteck gezeichnet, dessen Höhe der in der Häufigkeitstabelle ermittelten Anzahl entspricht. Zusätzlich können das Nennmaß und die Toleranzgrenzen markiert werden.

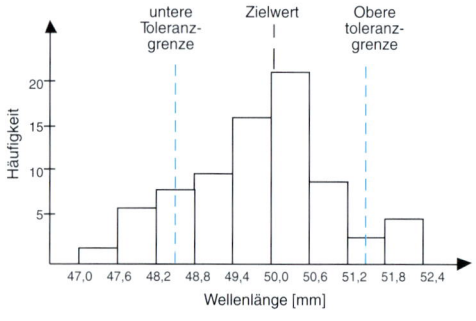

Aus dem fertigen Histogramm läßt sich überprüfen, ob
die gemessenen Werte innerhalb der Toleranzgrenzen
liegen und bei welchem Maß die meisten Werte auftreten (Bild B). Liegen z.B. mehr Daten rechts des Ziel-
wertes, läuft der Prozeß zu hoch (Bild A). Auch die
zugrundeliegende Verteilungsform der Daten läßt sich
aus dem Histogramm erkennen.

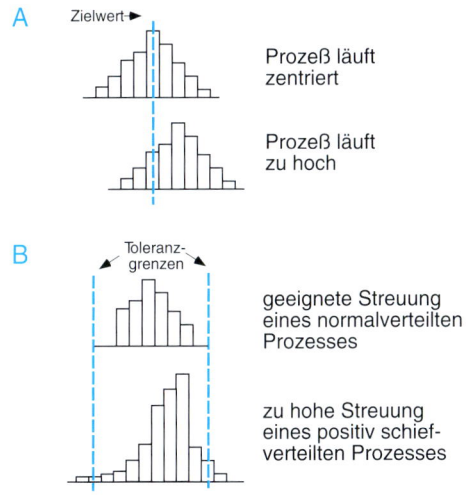

A — Zielwert→

Prozeß läuft
zentriert

Prozeß läuft
zu hoch

B — Toleranz-grenzen

geeignete Streuung
eines normalverteilten
Prozesses

zu hohe Streuung
eines positiv schief-
verteilten Prozesses

☞ Es ist wichtig, eine geeignete Anzahl von Klassen zu benutzen. Eventuell müssen verschiedene
   Anzahlen ausprobiert werden. Falls sich eine Einteilung in 10 Klassen eignet, sind die Berechnun-
   gen der Klassenbreiten einfacher.

Qualitätsregelkarte

Worum geht es ?

Die Qualitätsregelkarte ist ein graphisches Hilfsmittel, um einen Prozeß über einen Zeitraum hinweg fortlaufend zu beobachten. Im Rahmen der Q7 lassen sich mit ihr Prozeßdaten zu einem aufgetretenen Problem sammeln, aus denen Lösungsansätze erarbeitet werden können. Häufiger finden Qualitätsregelkarten jedoch Anwendung bei der statistischen Prozeßregelung zur Überwachung eines fähigen Prozesses (siehe **SPR**). In die Qualitätsregelkarte werden statistische Größen wie z.B. Mittelwert und Streuung von Stichproben eingetragen. Aus dem Verlauf dieser Größen kann dann auf Unregelmäßigkeiten geschlossen und entsprechend eingegriffen werden.

Was bringt es ?

Die Prozeßregelung mit Hilfe von Qualitätsregelkarten ist ein dauerhaftes Frühwarnsystem, um Fehler und Ausschuß zu vermeiden. Es kann bereits bei den ersten Anzeichen eines Fehlers in den Prozeß eingegriffen werden und nicht erst dann, wenn die Toleranzgrenzen überschritten werden. Eine direkte Prozeßverbesserung ist aber nicht möglich. Es werden nur kleine Abweichungen ausgeglichen und Ansatzpunkte für langfristige Verbesserungen aufgezeigt.

Besonders geeignet ist der Einsatz von Qualitätsregelkarten bei der Produktion von großen Stückzahlen. Der

Maschinenbediener kann dabei selbst die Prozeß-kontrolle und -regelung vornehmen und muß nicht erst auf einen speziellen Kontrolleur warten.

Wie gehe ich vor ?

Eine Qualitätsregelkarte arbeitet mit einer Art Warn-system: Aus den Prozeßinformationen werden Eingriffs-grenzen berechnet, deren Überschreiten auf eine Unre-gelmäßigkeit bzw. einen Fehler hinweisen. Das Über-schreiten der Eingriffsgrenzen bedeutet, daß der Pro-zeß zwar noch innerhalb seiner Toleranzen liegt, aber ein Nachregeln bzw. Eingreifen erforderlich wird. Da-durch wird erreicht, daß Ausschuß nicht erst auftritt.

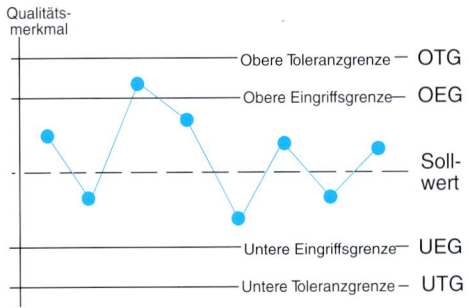

Schematische Darstellung einer Qualitätsregelkarte

Wenn die statistischen Größen zur Konstruktion einer Qualitätsregelkarte erst einmal berechnet sind, können die wichtigsten Informationen der Qualitätsregelkarte direkt aus dieser grafischen Darstellung abgelesen werden.

Regelkartentyp auswählen

Zu Beginn wird der Prozeß und das dort erzeugte
Qualitätsmerkmal bestimmt, das mit der Qualitätsregelkarte überwacht werden soll. Aufgrund der Art der
Stichproben wird der geeignete Typ der Qualitätsregelkarte bestimmt.

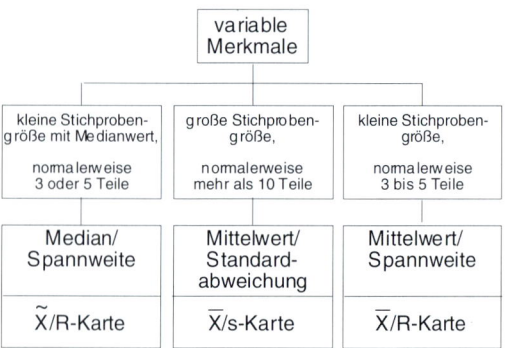

Auswahlbaum für Qualitätsregelkarten
mit variablen Merkmalen

Variable Merkmale sind Meßwerte einer durchgehenden Skala, z.B. Länge, Zeit, Temperatur, Kosten. Daneben gibt es auch Qualitätsregelkarten für attributive
Merkmale, bei denen nur zwischen zwei Ausprägungen (z.B.: gut/schlecht, vorhanden/nicht vorhanden,
fest/lose) unterschieden werden kann.

Randbedingungen festlegen

Bevor mit dem eigentlichen Anlegen der Qualitätsregelkarte begonnen wird, muß die Aufnahmehäufigkeit und
-methode der Stichprobenentnahme genau festgelegt

werden. Alle Stichproben müssen unter den gleichen technischen Bedingungen zufällig aufgenommen werden. Die Häufigkeit ist dabei entsprechend dem Merkmal festzulegen, z.B. stündlich, täglich, pro Schicht.

Berechnen statistischer Größen

Für jede Einzelstichprobe werden dann die benötigten statistischen Werte mit folgenden Formeln berechnet:

Mittelwert $\overline{X} = \dfrac{1}{n}\sum x_i$

Median $\tilde{X}$ = mittlere Wert der aufsteigend sortierten x_i

Standardabweichung $s = \sqrt{\dfrac{\sum\left(x_i - \overline{x}\right)^2}{n-1}}$

Spannweite $R = x_{max} - x_{min}$

Dabei sind x_i die einzelnen Meßwerte und n die Anzahl der Meßwerte einer Stichprobe.

Mittellinie und Eingriffsgrenzen berechnen

Aus den Einzelwerten der k Stichproben werden dann entsprechend der Tabelle 1 die statistischen Gesamtwerte errechnet. Aus diesen Werten werden die Mittellinien der Qualitätsregelkarten gebildet, die in die Karten eingetragen werden. Der Prozeßmittelwert sollte dem vorgegebenen Sollwert entsprechen.

Daraufhin erfolgt die Berechnung der oberen Eingriffsgrenze (OEG) und der unteren Eingriffsgrenze (UEG) nach Tabelle 1. Für die Berechnung werden Konstanten benutzt, die von der Größe der Stichproben abhängig sind (siehe Tabelle 2).

Tabelle 1. Formeln für variable Merkmale

Kartentyp	stat. Gesamtwert der k Stichproben (Prozeßdurchschnitt)	Eingriffsgrenzen
$\overline{X}$ / R -Karte	$\overline{\overline{X}} = \dfrac{(\overline{X}_1 + \overline{X}_2 + ... + \overline{X}_k)}{k}$	$OEG = \overline{\overline{X}} + A_2\,\overline{R}$ $UEG = \overline{\overline{X}} - A_2\,\overline{R}$
	$\overline{R} = \dfrac{(R_1 + R_2 + ... + R_k)}{k}$	$OEG = D_4\,\overline{R}$ $UEG = D_3\,\overline{R}$
$\overline{X}$ / s -Karte	$\overline{\overline{X}} = \dfrac{(\overline{X}_1 + \overline{X}_2 + ... + \overline{X}_k)}{k}$	$OEG = \overline{\overline{X}} + A_3\,\overline{s}$ $UEG = \overline{\overline{X}} - A_3\,\overline{s}$
	$\overline{s} = \dfrac{(s_1 + s_2 + ... + s_k)}{k}$	$OEG = B_4\,\overline{s}$ $UEG = B_3\,\overline{s}$
$\tilde{X}$ / R -Karte	$\overline{\tilde{X}} = \dfrac{(\tilde{X}_1 + \tilde{X}_2 + ... + \tilde{X}_k)}{k}$	$OEG = \overline{\tilde{X}} + \tilde{A}_2\overline{R}$ $UEG = \overline{\tilde{X}} - \tilde{A}_2\overline{R}$
	$\overline{R} = \dfrac{(R_1 + R_2 + ... + R_k)}{k}$	$OEG = \tilde{D}_4\,\overline{R}$ $UEG = \tilde{D}_3\,\overline{R}$

Tabelle 2. Konstanten

n	A_2	$\tilde{A}_2$	A_3	B_3	B_4	D_3	$\tilde{D}_3$	D_4	$\tilde{D}_4$
2	1,614	1,909	2,282	0,008	3,518	0,008	0,009	3,520	4,161
3	0,878	1,086	1,678	0,080	2,598	0,080	0,085	2,613	2,786
4	0,626	0,711	1,398	0,168	2,246	0,167	0,173	2,280	2,373
5	0,495	0,611	1,226	0,241	2,050	0,239	0,246	2,101	2,165
6	0,415	0,483	1,105	0,301	1,922	0,296	0,303	1,986	2,036
7	0,360	0,447	1,016	0,350	1,833	0,341	0,349	1,906	1,949
8	0,320	0,378	0,944	0,390	1,764	0,378	0,385	1,846	1,883
9	0,289	0,360	0,886	0,423	1,710	0,408	0,416	1,798	1,832
10	0,265	0,318	0,838	0,451	1,664	0,434	0,441	1,760	1,792

Erstellen der endgültigen Qualitätsregelkarte
Es wird nun die eigentliche Qualitätsregelkarte erstellt.
Sie enthält Angaben über den Kartentyp, das gemessene Qualitätsmerkmal, Aufnahmeort und -häufigkeit und die Stichprobengröße.
Je nach verwendetem Kartentyp werden die Achsen für den Mittelwert bzw. Median und für die Standardabweichung bzw. Spannweite eingezeichnet. Die Einteilung der Achsen wird so gewählt, daß die Mittellinie und die Eingriffsgrenzen aber auch Werte außerhalb der Eingriffsgrenzen eingezeichnet werden können.

Führen der Qualitätsregelkarte
Die ermittelten Stichprobenwerte und die errechneten statistischen Werte werden nun in einer Tabelle eingetragen und parallel dazu die entsprechenden Werte in die Regelkarte eingezeichnet.
Die Werte der einzelnen Stichproben werden durch eine Linie verbunden, so daß die Kurven der beiden überwachten Größen entstehen.

Liegt ein Wert einer Stichprobe außerhalb der Eingriffsgrenzen, wirkt an dieser Stelle ein systematischer Fehler (siehe **SPR**). Er muß identifiziert und behoben werden, bevor der Prozeß die Toleranzgrenzen überschreitet. Anschließend müssen die Grenzen neu berechnet werden.
Solche Besonderheiten werden auf der Qualitätsregelkarte vermerkt, damit auch zu einem späteren Zeitpunkt verfolgt werden kann, wie sich der Prozeß verändert hat.

Liegen alle Werte innerhalb der Eingriffsgrenzen, kann die Karte zur Prozeßüberwachung benutzt werden. Die Grenzen dürfen dafür *nicht* geändert werden, außer der Prozeß wird grundlegend geändert. Im weiteren Verlauf werden regelmäßig Stichproben aus dem Prozeß entnommen, die entsprechenden statistischen Werte berechnet und diese in die Karte eingetragen.

Interpretation der Qualitätsregelkarte

Nicht alle Unregelmäßigkeiten eines Prozesses äußern sich in einem Überschreiten der Eingriffsgrenzen. Auch aus den folgenden Verlaufsmuster kann ein Handlungsbedarf abgelesen werden.

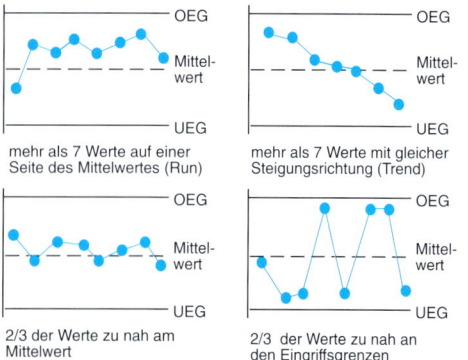

mehr als 7 Werte auf einer
Seite des Mittelwertes (Run)

mehr als 7 Werte mit gleicher
Steigungsrichtung (Trend)

2/3 der Werte zu nah am
Mittelwert

2/3 der Werte zu nah an
den Eingriffsgrenzen

 Wenn die Prozeßüberwachung durch den Maschinenbediener vorgenommen wird, ist es wichtig, daß er auch in der Interpretation der Regelkarte geschult wird.

Beispiel für eine X̄ / R Karte

Qualitätsregelkarte für variable Merkmale
☒ X̄ ☐ s
☐ X ☒ R

Teil: Welle
Arbeitsgang: Feindrehen
Merkmal: Durchmesser d3

Blatt Nr.: 9
Datum: 09/95

Einrichtung: Drehzentrum 2
Sollwert: 58.52 mm
OTG/UTG: 58.57/58.47 mm
Maßeinheit: 1/100 mm
Stichpr.Umfang: 5 Stück
Prüfintervall: 1 Stunde

Eingriffsgrenzen: (mm / 100)

x_1	53	53	52	53	52	51	53	52	52	53	52	53	54	55	52	50	50	48	53
x_2	53	52	52	53	53	50	53	51	51	54	51	54	54	54	55	55	54	54	52
x_3	52	52	51	53	52	53	53	52	52	53	52	55	53	54	52	54	55	53	54
x_4	53	53	53	52	52	52	53	51	52	55	52	53	55	53	55	53	55	53	53
x_5	52	53	53	52	50	52	51	52	51	55	51	53	52	55	53	53	53	53	53
$\overline{X}$	52.6	52.8	52.4	53	51.2	52.4	52.6	51.8	51.6	54	51.6	53.6	53.4	54.2	53.4	53	53.2	52.4	52.8
R	1	1	2	3	3	3	2	1	1	2	1	2	3	3	3	5	5	6	2

X̄-Diagramm Skalenwerte: 53.96 / 52.5 / 51.03

R-Diagramm Skalenwerte: 6.22 / 2.96 / 0.71

		R
OTG:	57.0	-
OEG:	53.96	6.22
Mittel.:	52.5	2.96
UEG:	51.03	0.71
UTG:	47.0	-

Auswertung:
X̄: 52.5
R̄: 2.96
c p: 1.31
c pk: 1.17
Datum: 10.10.95
geprüft von: H. Schmidt

Datum	8.10								9.10							
Zeit	8:30	9:30	10:30	11:30	12:30	13:30	14:30	15:30	8:30	9:30	10:30	11:30	12:30	13:30	14:30	15:30
Name	Mu	Mu	Mu	Kr	Kr	Kr	Kr	Kr	Mu	Mu	Mu	Kr	Kr	Kr	Kr	Kr

Pareto-Diagramm

Worum geht es ?

Das Pareto-Diagramm beruht auf dem Paretoprinzip, welches besagt, daß die meisten Auswirkungen eines Problems (80%) häufig nur auf eine kleine Anzahl von Ursachen (20%) zurückzuführen sind. Es ist ein Säulendiagramm, das Problemursachen nach ihrer Bedeutung ordnet. Die Auswirkungen des Problems können als Fehlerhäufigkeit, aber auch z.B. als Kosten gemessen werden. Durch diese Darstellung werden diejenigen Ursachen gefunden, die den größten Einfluß auf das Problem haben. Es entsteht so eine Entscheidungshilfe, in welcher Reihenfolge die Ursachen bekämpft werden sollen.

Was bringt es ?

Mit Hilfe des Pareto-Diagramms werden aus vielen möglichen Ursachen eines Problems diejenigen herausgefiltert, die den größten Einfluß haben. Wie wichtig eine Ursache ist, kann direkt aus dem Paretodiagramm abgelesen werden. Dadurch werden als erstes die wichtigen Ursachen eines Problems beseitigt. Es wird so verhindert, daß mit großem Zeit- und Kostenaufwand unwichtige Ursachen beseitigt werden und das Problem dennoch bestehen bleibt. Nach der Ursachenbeseitigung kann mit einem neuen Pareto-Diagramm die Verbesserung dargestellt und Ansätze für weitere Maßnahmen aufgezeigt werden.

Wie gehe ich vor ?

Zu Beginn ist festzulegen, welches Problem bearbeitet werden soll. Als Beispiel soll die Endkontrolle einer Radioweckerproduktion dienen. Hier treten immer wieder Fehler auf, die eine kostenintensive Nacharbeit erfordern. Im nächsten Schritt sind Kategorien für mögliche Fehlerarten bzw. Ursachen zu ermitteln. Diese können mit Hilfe eines Brainstormings (siehe **Brainstorming**) oder durch Erfahrungswerte gefunden werden. Es sollte auch eine Kategorie *Sonstiges* aufgenommen werden. Außerdem muß festgelegt werden, mit welcher Größe die Problemauswirkung gemessen werden soll. Die gebräuchlichsten Größen sind die Häufigkeit des Auftretens und die mit Kosten bewertete Häufigkeit (Anzahl multipliziert mit Kostensatz). Denkbar sind aber auch Gewichtungen nach anderen Kriterien wie z.B. der Bedeutung für den Kunden.

Fehlerart i	Nacharbeits-kosten K pro Fehler
Kratzer am Gehäuse	20,-
fehlendes Kabel	7,-
abgebrochener Hebel	35,-
defekte Anzeige	60,-
lose Schrauben	3,-
Bedienanleitung falsch	5,-
sonstiges	15,-

Die Daten werden durch direkte Beobachtung oder durch Auswertung von Unterlagen aufgenommen. Im

Beispiel wird das Auftreten der einzelnen Fehlerarten
bei 50 Radioweckern gezählt. Hilfreich ist hierbei eine
Fehlersammelliste (siehe **Fehlersammelliste**).

Um das Paretodiagramm zu erstellen, wird aus der ab-
soluten Häufigkeit jeder Kategorie deren prozentualer
Anteil ermittelt. Außerdem werden die Kosten pro Kategorie errechnet.

Fehlerart i	Anzahl	Häufig-keit in %	Gesamt-kosten
Kratzer	13	17	260,-
fehl. Kabel	7	9	49,-
abgebr. Hebel	2	3	70,-
def. Anzeige	5	7	300,-
lose Schrauben	23	31	69,-
Anleitung falsch	18	24	90,-
sonstiges	7	9	105,-
Summe	75	100%	943,-

Die Kategorien werden absteigend nach ihrer Bedeutung sortiert und dann auf der waagerechten Achse von
links nach rechts abgetragen. Über jeder Kategorie wird
ein Rechteck gezeichnet, dessen Höhe der Häufigkeit
ihres Auftretens bzw. den angefallenen Kosten entspricht.
Wahlweise kann zur Verdeutlichung eine Summenkurve
ergänzt werden. Dafür wird auf der rechten Seite eine
zweite senkrechte Achse angelegt, auf der 100% der
Gesamtanzahl der Fehler bzw. der Gesamtsumme der
Kosten entspricht. Der Prozentanteil jeder einzelnen
Kategorie wird von links nach rechts aufsummiert bis
bei der letzten Kategorie 100% erreicht sind.

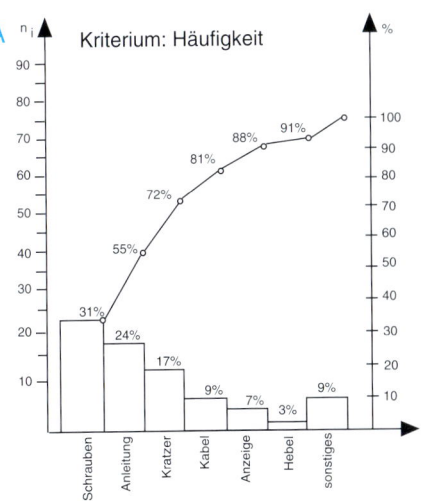

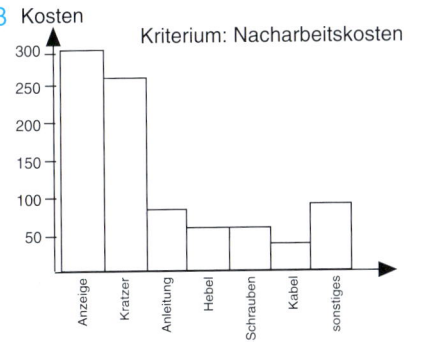

Aus dem fertigen Paretodiagramm läßt sich nun die Bedeutung der einzelnen Kategorien ablesen: Je größer die Säule im Diagramm, desto wichtiger ist diese Kategorie. Sie zu beheben bildet die größten Verbesserungsmöglichkeiten. Eine steile Summenkurve deutet daraufhin, daß es sehr wenige wichtige Ursachen für das Problem gibt. Eine flache Kurve zeigt an, daß viele gleichwertige Ursachen vorliegen. Im Einzelfall ist jedoch zu prüfen, ob die häufigsten bzw. teuersten Ursachen auch die wichtigsten hinsichtlich der Unternehmensziele sind. Im Beispiel bilden lose Schrauben und falsche Bedienungsanleitungen über 50% der Fehler. Die hohen Nacharbeitskosten entstehen jedoch zu 60 % durch defekte Anzeigen und Kratzer, so daß diese beiden Fehler zuerst zu beheben sind.

Variationen

Erweiterungen des Pareto-Diagramms können sein:

1. Es werden mehrere Pareto-Diagramme gezeichnet mit jeweils anderem Maß für die Auswirkungen (Anzahl, Kosten, andere Kriterien). Durch einen Vergleich der Diagramme können die Problemursachen nach verschiedenen Kriterien beurteilt werden.

2. Eine einzelne Ursachenkategorie, in der eine Gruppe von Ursachen zusammengefaßt worden ist (z.B. Lackfehler), kann in einem weiteren Pareto-Diagramm aufgeteilt werden. Durch eine Aufteilung in mehrere Kategorien (z.B. Haarrisse, Tropfnasen, Blasen) ist es möglich, eine genauere Untersuchung der Ursachen durchzuführen.

3. Nachdem einzelne Ursachen bekämpft wurden, kann ein weiteres Pareto-Diagramm erstellt werden. Durch einen Vergleich der Diagramme wird sichtbar, ob die gewünschten Verbesserungen erreicht wurden und welche Maßnahmen jetzt noch bekämpft werden müssen.

Korrelationsdiagramm

Worum geht es ?

Das Korrelationsdiagramm stellt die Beziehung zwischen zwei Merkmalen graphisch dar, die paarweise an einem Objekt aufgenommen werden. Die Wertepaare werden im Diagramm als Punkte dargestellt, aus deren Muster man Rückschlüsse auf einen statistischen Zusammenhang zwischen den beiden Merkmalen ziehen kann.

Was bringt es ?

Mit einem Korrelationsdiagramm kann die Stärke der Beziehung zwischen zwei Merkmalen ermittelt werden. So kann z.B. eine vermutete Ursache-Wirkungs-Beziehung überprüft werden, die in einem Ursache-Wirkungs-Diagramm ermittelt wurde (siehe **Ursache-Wirkungs-Diagramm**). Es lassen sich mit Hilfe des Diagramms Aussagen über die Stärke und die Richtung (Vorzeichen) des Zusammenhanges machen. Besonders geeignet ist das Korrelationsdiagramm, um geradlinige (lineare) Zusammenhänge zu erkennen. Insgesamt ist jedoch zu beachten, daß nur ein statistischer Zusammenhang ermittelt wird, der keine Aussage über einen kausalen Zusammenhang (Ursache-Wirkung) macht.

Wie gehe ich vor ?

Zu Beginn ist festzulegen, welche beiden Merkmale auf
einen möglichen Zusammenhang hin untersucht werden sollen. Die Merkmale werden dann als Wertepaare
(X/Y) an je einem Objekt aufgenommen.
Beispiele:

- Körpergröße und Körpergewicht von Personen
  einer Gruppe
- Durchmesser und Oberflächengüte jeder Welle
  eines Loses
- Lufttemperatur und Luftdruck je Tag eines Mo-
  nats.

Für ein aussagekräftiges Diagramm sind 50 - 100, mindestens aber 30 Wertepaare notwendig. Es ist darauf zu
achten, daß jedes Wertepaar unter den gleichen Bedingungen aufgenommen wird. Als Beispiel soll die An-
nahme überprüft werden, daß bei steigender Körpergröße auch das Körpergewicht einer Person steigt:

Personen-nummer	Körpergröße in cm	Körpergewicht in Kg
1	185	79
2	177	75
3	190	83
4	182	85
39	165	66
40	191	87

Zur Erstellung des Korrelationsdiagramms wird das erste Merkmal (Größe) auf der waagerechten Achse und das zweite Merkmal (Gewicht) auf der senkrechten Achse gezeichnet. Aus dem größten und dem kleinsten ermittelten Wert eines Merkmales ergibt sich die sinnvolle Einteilung der Achsen. Die Wertepaare werden dann als Punkte in das Diagramm eingetragen, so daß eine Punktwolke entsteht. Tritt ein Wertepaar wiederholt auf, wird der entsprechende Punkt jedesmal mit einem Kreis markiert.

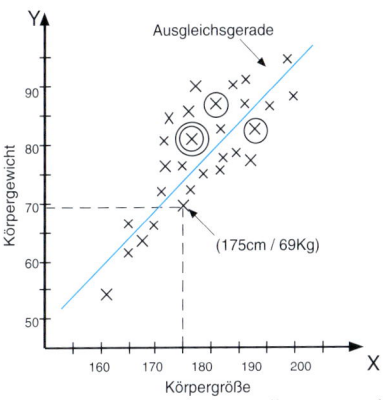

Zur Interpretation des Korrelationsdiagramms dient die entstandene Punktwolke. Läßt sich durch die Punktwolke eine Ausgleichsgerade (nach Augenmaß gezeichnete Gerade, an der alle Punkte möglichst dicht liegen) zeichnen, kann man bei einer steigenden Gerade auf eine positive, bei einer fallenden auf eine negative Korrelation schließen. Eine positive Korrelation bedeutet, daß steigende X-Werte mit steigenden Y-Werten verbunden sind. Auf das Beispiel übertragen bedeutet dies, daß bei steigender Körpergröße auch das Gewicht steigt. Im Gegensatz dazu bedeutet eine negative Korrelation, daß steigende X-Werte mit fallenden Y-Werten verbunden sind. Um so näher die Punkte an der Ausgleichsgeraden liegen, desto stärker ist der Zusammenhang der beiden Merkmale, d.h. die Merkmale sind eng miteinander verbunden. Bei einem schwachen Zusammenhang ist anzunehmen, daß es noch andere Merkmale gibt, die auf den untersuchten Zusammenhang einen Einfluß haben. Die folgenden Abbildungen zeigen immer wieder vorkommende Muster von Korrelationen.

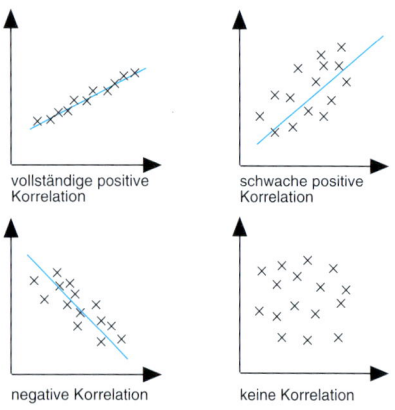

vollständige positive Korrelation

schwache positive Korrelation

negative Korrelation

keine Korrelation

 Bei der Deutung eines Korrelationsdiagramms muß beachtet werden, daß nur ein statistischer Zusammenhang aufgezeigt werden kann. Ob sich aus so einem Zusammenhang auch eine logische Ursache-Wirkungs-Beziehung ableiten läßt, muß immer noch zusätzlich geprüft werden.

Brainstorming

Worum geht es ?

Brainstorming ist eine einfache Methode, mit der zu einem beliebigen Thema Ideen, Argumente oder Lösungsvorschläge gesammelt werden können. Das Ziel dabei ist es, möglichst viele Ideen zu entwickeln, die erst anschließend kritisch beurteilt werden. Um die Kreativität der Teammitglieder voll zu entfalten, ist es notwendig gewisse Spielregeln einzuhalten.

Was bringt es ?

Beim Brainstorming können alle Teammitglieder beteiligt werden. Es wird ermöglicht, völlig neue Denkansätze einzubringen, auch wenn diese zuerst abwegig erscheinen. Eine von einem Mitglied angeregte Idee kann von anderen Teammitgliedern ergänzt oder weiter ausgebaut werden. Durch diese Teamarbeit wird die Kreativität gegenseitig angeregt.

Wie gehe ich vor ?

Zu Beginn eines Brainstormings wird das zu behandelnde Thema bzw. das Problem erläutert und als eindeutige Fragestellung für alle sichtbar auf einer Tafel oder ähnlichem festgehalten. Durch Nachfragen soll sichergestellt werden, daß jeder Teilnehmer die Frage verstanden hat.

In der sich anschließenden eigentlichen kreativen Phase entwickelt jedes Teammitglied so viele Ideen wie möglich. Dies kann auf verschiedene Weisen durchgeführt werden.

1. Jeder Teilnehmer erhält eine oder mehrere Karten (Anzahl ist abhängig von der Teamgröße), auf die er jeweils eine Idee gut lesbar schreibt. Die Karten werden dann vom Moderator gesammelt, laut vorgelesen und an die Tafel geheftet.

2. Die Ideen werden von den Teilnehmern mündlich vorgetragen. Dazu kann eine Reihenfolge festgelegt werden, bei der jeder Teilnehmer nacheinander eine Idee äußert. Dies wird solange wiederholt, bis keine Ideen mehr gefunden werden, wobei für jedes Teammitglied die Möglichkeit besteht, bei einem Durchgang zu passen. In kleineren Teams kann die Reihenfolge auch entfallen. Die Ideen können dann von jedem zu jeder Zeit vorgetragen werden. Alle Ideen oder Weiterentwicklungen von Ideen werden vom Moderator an der Tafel deutlich lesbar notiert.

Nach der kreativen Phase können einzelne Ideen zum besseren Verständnis noch einmal näher erläutert werden. Eine kritische Beurteilung der gesammelten Ideen erfolgt beim Brainstorming nicht.

☞ Der Moderator kann durch neutrale Zwischenfragen die Aufmerksamkeit des Teams auf bestimmte Aspekte lenken und so die Ideenfindung weiter anregen. Die kreative Phase sollte ohne Zeitdruck stattfinden.

Die entwickelten Ideen dürfen von den Teilnehmern nicht kritisiert werden. Quantität geht hier
vor Qualität. Dieses absolute Kritikverbot muß
vom Moderator streng kontrolliert werden. De-
struktive Kommentare wie z.B.: "Das klappt nie!"
oder "So ein Unsinn!" behindern den Ideenfluß
sofort und stellen so den Kreativitätsprozeß in
Frage.

 Beim Zurufen der Ideen ist es leicht möglich, daß
einzelne gesprächige Teammitglieder die Arbeit
beherrschen und andere sich nicht mehr trauen
Ideen einzubringen. Diese Gefahr wird durch das
Aufschreiben, das jeder für sich durchführt, vermieden.

Ursache - Wirkungs- Diagramm

Worum geht es ?

Das Ursache-Wirkungs-Diagramm, nach seiner Form auch Fischgräten- oder nach seinem Erfinder Ishikawa-diagramm genannt, unterstützt ein Team bei der Zerlegung eines Problems in seine Ursachen. Es werden zu einem Problem (Wirkung) mögliche und bekannte Einflüsse (Ursachen) gesammelt, in Haupt- und Nebenursachen unterteilt und dann graphisch dargestellt. Durch eine anschließende Bewertung ergeben sich einige wenige Ursachenschwerpunkte, die dann weiter untersucht werden können.

Was bringt es ?

Durch fachübergreifende Teamarbeit bei der Erstellung eines Ursache-Wirkungs-Diagramms werden verschiedene Ansichten eines Problems miteinander verbunden. Dabei wird sich durch das gezielte Vorgehen auf das Problem konzentriert und Interessen von einzelnen Personen zurückgestellt. Mit Hilfe von Kreativitätstechniken (z.B. **Brainstorming**) können viele Ursachen für das Problem ermittelt werden. Durch die Einteilung dieser Ursachen in verschiedene Hauptgruppen wird im Ursache-Wirkungs-Diagramm eine übersichtliche Gliederung erarbeitet. Zusätzlich sind Abhängigkeiten zwischen den Ursachen erkennbar.

Wie gehe ich vor ?

Zu Beginn wird eine kurze verständliche Problem-
beschreibung erarbeitet, die möglichst genaue Informationen über Inhalt, Zeit, Ort und Ausmaß des Problems
enthält. Jeder, der bei der Erarbeitung des Ursache-
Wirkungs-Diagramms beteiligt ist, sollte das Problem, das
untersucht wird, klar verstanden haben. Die Problem-
beschreibung wird auf die rechte Seite einer Tafel oder
etwas ähnlichem für alle sichtbar notiert.

Im zweiten Schritt werden Kategorien für mögliche Ursachen festgelegt. Häufig findet eine Einteilung gemäß der
sogenannten 4-M-Methode in "Maschinen" (Werkzeuge,
Geräte usw.), "Methode" (Arbeitsweise), "Material"
(Werkstoffe, Rohmaterialien usw.) und "Menschen" (be-
teiligte Personen) Anwendung. Diese können durch "Mi-
lieu" (Arbeitsumfeld) oder "Messung" (eingesetzte Meß-
mittel, Meßmethoden) ergänzt werden. Es gibt keine all-
gemeingültige Anzahl oder Einteilung der Ursachen-
kategorien, so daß in jedem Einzelfall eine individuelle
Lösung festgelegt werden muß. Die ermittelten Kategori-
en werden dann auf der Tafel an Pfeilen notiert, die über
einen Hauptpfeil auf das Problem zeigen. Es entsteht so
das fischgrätenähnliche Aussehen des Diagramms.

Schematische Darstellung des Ursache-Wirkungs-Diagrammes:

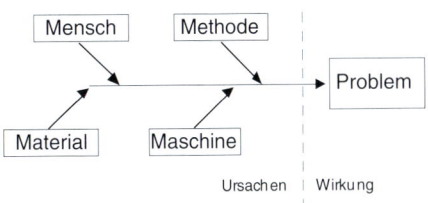

Ursachen | Wirkung

Es werden dann z.B. mit Hilfe eines Brainstormings (siehe **Brainstorming**) möglichst viele denkbare Ursachen für das Problem gesammelt. Jede gefundene Ursache wird einer Kategorie zugeordnet. Bei mehreren Zuordnungsmöglichkeiten muß eine Kategorie ausgewählt werden. Jede Ursache wird an einem neuen Pfeil als Verzweigung in der entsprechenden Kategorie eingetragen. Um den Kreativitätsprozeß zu unterstützen, kann der Moderator durch Fragen die Aufmerksamkeit des Teams auf bisher vernachlässigte Kategorien lenken. Durch Hinterfragen von Einzelursachen werden Nebenursachen gefunden, die zu einer weiteren Verzweigung des Diagramms führen. Welcher Detaillierungsgrad dabei noch sinnvoll ist, ist im Einzelfall zu entscheiden. Eine Faustregel sagt, daß bei einer Einzelursache bis zu dreimal "Warum?" gefragt wird.

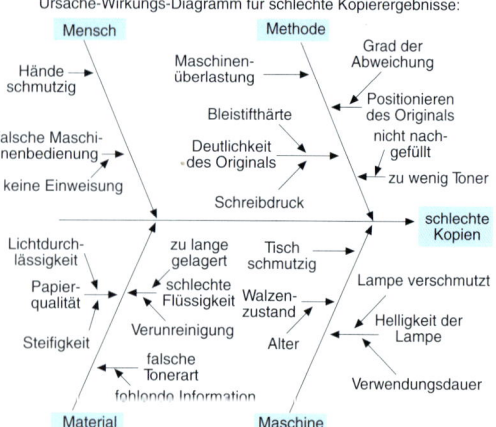

Ursache-Wirkungs-Diagramm für schlechte Kopierergebnisse:

Werden keine weiteren Ursachen mehr gefunden, sollte eine Beurteilung der Einzelursachen erfolgen. Hilfreich für die Gewichtung der Ursachen können Klebepunkte oder Symbole sein, die an die wichtigsten Ursachen geklebt werden. Aus der Anzahl der Klebepunkte kann auf die Bedeutung der einzelnen Ursachen geschlossen werden. Die Ursachen mit den meisten Punkten sollten anschließend weiter untersucht werden.

 Es besteht kein Zwang, die 4-M-Methode anzuwenden. Bei der Analyse eines problematischen Prozesses können die Kategorien z.B. aus den Teilschritten des Prozesses gebildet werden. Der Gesamtprozeß wird dann als Wirkung in das Diagramm eingetragen.

 Besondere Beachtung verdient der Verzweigungsgrad des Diagramms. Ein unverzweigtes Diagramm, in dem nur einige Einzelursachen notiert sind, ist nicht geeignet und erfordert eine weitere Bearbeitung. Aber auch ein zu kompliziertes Diagramm mit zu vielen Verzweigungen und abschweifenden Nebenursachen ist für eine Deutung ungeeignet. Eventuell kann das Problem aufgeteilt und damit das Diagramm vereinfacht werden. Der Moderator und das Team müssen während der gesamten Erstellung auf einen sinnvollen Verzweigungsgrad des Diagramms achten.

Variationen

Eine gute Hilfe bei der Erstellung eines Ursache-Wirkungs-Diagramms ist der Einsatz von Karten, auf denen die Einzel- und Nebenursachen notiert werden. Die Karten werden auf die Tafel in ein aufgezeichnetes Fischgrätengerüst geheftet. Durch diese Methode können sich in der Diskussion ergebende Änderungen leichter im Diagramm vorgenommen werden.

M7 *Sieben Management-Werkzeuge (M7)*

Die Sieben Management-Werkzeuge (M7) sind ein Bündel von Methoden, die einen Problemlösungsprozeß durch die Veranschaulichung und Aufgliederung von Informationen unterstützen. Im Gegensatz zu den Sieben Elementaren Qualitätswerkzeugen (siehe **Q7**) ist es das Ziel der M7, eine Menge von unübersehbaren Informationen vor allem verbaler Art zu ordnen. Dadurch finden die M7 ihre Anwendung überwiegend bei Problemen in der Planungs- und Entwicklungsphase, wo noch kein Zahlenmaterial vorliegt. Die M7 unterstützen die Problemerkennung, das Finden, Ordnen und Bewerten von Lösungen sowie das Umsetzen der Maßnahmen.

In der Phase der **Datenanalyse** werden das *Affinitätsdiagramm* und das *Relationendiagramm* zur Veranschaulichung des vorliegenden Problems verwendet. Mit ihrer Hilfe werden Problemzusammenhänge verdeutlicht und weitere Untersuchungsschwerpunkte festgelegt.

In der anschließenden Phase der **Lösungsfindung** werden das *Matrixdiagramm*, das *Baumdiagramm* und das *Portfolio* zur Entwicklung neuer Lösungen benutzt. Mit ihnen lassen sich geeignete Mittel und Maßnahmen zur Problemlösung finden und auf ihre Zielausrichtung hin überprüfen.

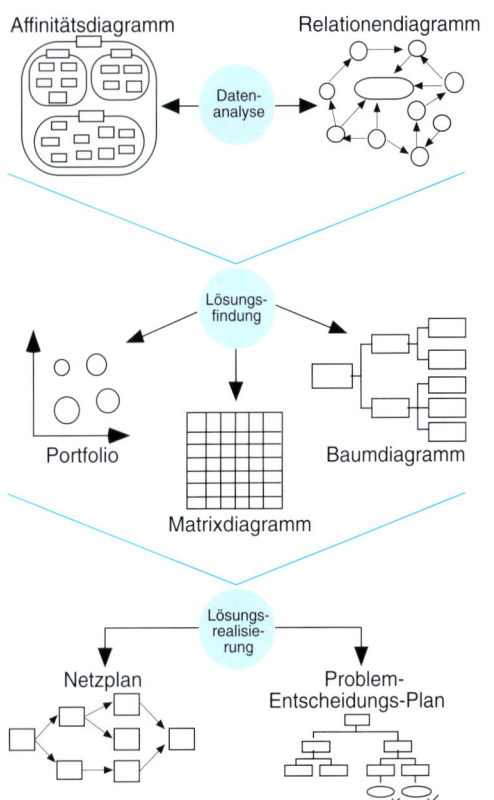

Überblick über das Zusammenwirken der M7

In der Phase der **Lösungsumsetzung** wird mit dem *Netzplan* die Reihenfolge und Dauer der notwendigen Vorgänge festgelegt. Mit Hilfe des *Problem-Ent-scheidungs-Plans* können schon im voraus Gegenmaßnahmen für eventuell auftretende Schwierigkeiten ermittelt werden, die bei der Umsetzung auftreten können.

Die M7 sind sowohl einzeln als auch in Kombination miteinander anzuwenden, da sie sinnvoll aufeinander aufbauen. Meistens werden sie innerhalb eines Teams eingesetzt, dessen ca. 4 - 7 Mitglieder mit dem zu behandelnden Problem und den angewendeten Techniken vertraut sein müssen. Ein neutraler Moderator sollte die Teamsitzungen leiten.

Affinitätsdiagramm

Worum geht es ?

Wenn zu einem Thema (These, Frage, Problem o.ä.) eine große Anzahl von Aussagen vorliegt, sind diese meistens ungeordnet und nur schwer überschaubar. Das Affinitätsdiagramm hilft einem Team diese Informationen zu verdichten, indem die einzelnen Ideen, Fakten, Meinungen usw. unter Überschriften zusammengefaßt werden. Es entsteht so eine geordnete Informationsmenge, die als Grundlage für die weitere Bearbeitung des Themas genutzt werden kann.

Was bringt es ?

Das Affinitätsdiagramm ermöglicht die Ordnung von chaotisch vorliegenden Daten. Daraus ergibt sich ein erstes Verständnis eines neuen oder bisher unübersichtlichen Themas. Es ist möglich, bislang unbekannte Ideen und Zusammenhänge innerhalb des Themas zu finden und neue Lösungsansätze zu erarbeiten. Durch die Gruppierung der Informationen unter Überschriften wird deutlich, was unter den jeweiligen Begriffen in dem Team verstanden wird. Es werden so eventuell bestehende Kommunikationsprobleme beseitigt, da eine einheitlichere "Sprache" benutzt wird.

Wie gehe ich vor ?

Das zu bearbeitende Thema wird zu Beginn in einem verständlichen Satz beschrieben. In der folgenden kreativen Phase werden dann nach den Regeln des Brainstormings (siehe **Brainstorming**) Beiträge, Gedanken, Ideen, Fakten usw. zu diesem Thema gesammelt. Die Ideen werden am besten auf Karten notiert. Auf einer Karte darf nur ein Beitrag stehen. Er sollte ein- oder zweizeilig mit großen, gut lesbaren Buchstaben geschrieben werden. Einzelworte sind zu vermeiden, besser eignen sich längere Aussagen. Für ein Affinitätsdiagramm sind 40 - 60 Beiträge normal. Aber auch weitaus mehr Beiträge sind möglich. Die Karten werden von einem Moderator eingesammelt, gemischt und dann nacheinander vorgelesen und an die Tafel geheftet. Das gesamte Team bestimmt dabei, welche Karten inhaltlich zusammengehören und zu einer Gruppe, dem sogenannten Cluster, zusammengeheftet werden. Das Gruppieren sollte eher gefühlsmäßig und ohne lange Diskussion geschehen. Normal sind 5 - 10 Cluster unterschiedlicher Größe. Auch einzelne Karten können ein wichtiges Cluster bilden. Sind alle Karten verteilt, können noch Änderungen vorgenommen werden, bis alle Karten eindeutig zugeordnet sind. Große Cluster sollten eventuell noch einmal geteilt werden.

Im nächsten Schritt muß für jedes Cluster eine Überschrift erarbeitet werden, die die Inhalte aller Karten beschreibt. Die Überschrift sollte ein ganzer Satz oder eine längere Beschreibung sein. Einzelne Schlagwörter können vorhandene Informationen zu leicht verschlucken.

Die Überschriften werden auch auf eine Karte geschrieben und über die Kartengruppe geheftet. Zur Verdeutlichung wird jedes Cluster mit einem Stift dick umrahmt. In dem fertigen Affinitätsdiagramm bildet jedes Cluster einen Ansatz oder Gesichtspunkt zu dem gestellten Thema.

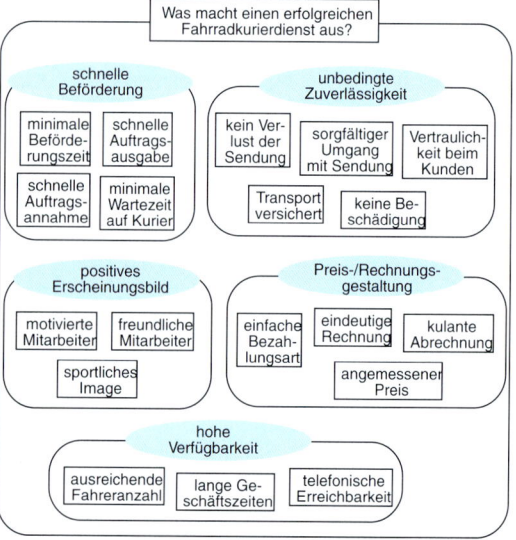

Affinitätsdiagramm am Beispiel
eines Fahrradkurierdienstes

☞ Für das Finden der geeigneten Überschriften sollte genügend Zeit vorhanden sein. Denn gerade in dieser Diskussion können sich wertvolle neue Ideen und Sichtweisen ergeben, die weiter vertieft werden können.

Relationendiagramm

Worum geht es ?

Gibt es zu einem Problem mehrere Sichtweisen, Argumente, Fakten usw., bestehen zwischen ihnen häufig Wechselbeziehungen. Mit Hilfe des Relationendiagramms können diese Beziehungen herausgefunden, näher untersucht und bewertet werden. Dadurch werden die wichtigsten Ursachen und Wirkungen eines Problems deutlich. Sie bilden den Ausgangspunkt, um eine Lösung für das vorliegende Problem zu finden.

Was bringt es ?

Das Relationendiagramm bietet eine geordnete Darstellung von Ursache-Wirkungs-Beziehungen zwischen verschiedenen Gesichtspunkten eines Problems. Es können so komplizierte Zusammenhänge aufgezeigt werden. Wichtige Punkte des behandelten Themas werden durch das festgelegte Vorgehen herausgearbeitet und nicht durch den Einfluß einzelner Teammitglieder festgelegt. Dadurch wird erreicht, daß alle Teammitglieder unter den wesentlichen Punkten des Problems das Gleiche verstehen.

Wie gehe ich vor ?

Als erstes wird das Problem in einem für alle verständlichen Satz beschrieben. Dieser wird auf eine Karte geschrieben, die in der Mitte einer Tafel oder an einer

Pinnwand angeheftet wird. Daraufhin werden Gesichtspunkte, die mit dem Problem in Beziehung stehen, gesammelt (siehe **Brainstorming**) oder aus Ergebnissen
anderer Werkzeuge entnommen (siehe **Affinitätsdiagramm**). Die einzelnen Gesichtspunkte werden
ebenfalls auf Karten notiert und an der Tafel angeheftet. Eine Anzahl von 5 - 25 Karten ist dabei sinnvoll.
Um die Karten einfacher weiterbearbeiten zu können,
sollten sie deutlich lesbar durchnumeriert werden.

Im zweiten Schritt werden mögliche Beziehungen zwischen den einzelnen Gesichtspunkten ermittelt. Von
einer Karte ausgehend wird geprüft, ob sie in einer
Beziehung zu einer anderen Karte steht. Am besten
werden alle Karten in der Reihenfolge ihrer Numerie-
rung abgearbeitet, wodurch gesichert ist, daß keine
Karte vergessen wird. Sollte ein Einfluß zwischen zwei
Karten vorhanden sein, wird ein Pfeil von der Ausgangs-
karte (Ursache) zu der anderen Karte (Wirkung) gezogen. Ist ein Pfeil in beide Richtungen möglich, muß
das Team sich in einer Diskussion für die stärkere Beziehung entscheiden, da nur Pfeile in eine Richtung
erlaubt sind.

Nachdem alle Beziehungen diskutiert und eingezeichnet worden sind, ist es oft hilfreich, das entstandene
Relationendiagramm noch einmal in übersichtlicher
Form abzuzeichnen. Zum Schluß werden zu jeder Karte die ausgehenden und die ankommenden Pfeile gezählt und daneben notiert. Eine hohe Anzahl von ausgehenden Pfeilen deutet auf eine wichtige Ursache des behandelten Problems hin. Diese Ursachen sollten Ansatzpunkte zur weiteren Problemlösung sein. Eine hohe Anzahl von ankommenden Pfeilen verdeutlicht dagegen eine
wichtige Wirkung. Sie sollte besonders beachtet werden.

Relationendiagramm zur Nutzung der M7

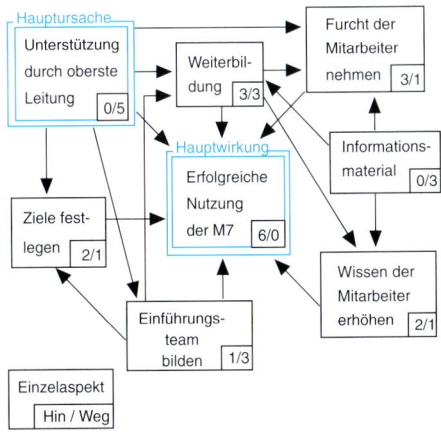

☞ Die in einem Affinitätsdiagramm ermittelten
  Gruppenüberschriften (siehe **Affinitätsdiagramm**) eignen sich häufig zur weiteren Bearbeitung in einem Relationendiagramm. Die zu
  einer Gruppe zusammengefaßten Beiträge können dabei als Gesichtspunkte im Relationendiagramm wieder auftreten.

Baumdiagramm

Worum geht es ?

Mit Hilfe eines Baumdiagramms kann ein Thema in einzelne Punkte untergliedert werden. Häufig wird es aber auch benutzt, um Maßnahmen und Mittel zur Erreichung eines Zieles (z.B. das Lösen eines Problems) zu erarbeiten. Das behandelte Thema oder Ziel wird in einem Baumdiagramm in verschiedenen Ebenen untersucht, wobei die Genauigkeit von Ebene zu Ebene zunimmt.

Was bringt es ?

Mit Hilfe des Baumdiagramms ist es möglich, einzelne Gesichtspunkte eines Themas geordnet darzustellen. Wenn es zur Lösung von Problemen eingesetzt wird, können einzelne Lösungswege aufeinander abgestimmt werden. Durch das festgelegte Vorgehen wird dabei das Risiko vermindert, wichtige Lösungsansätze zu vergessen.
Durch die Zerlegung eines Themas in seine Einzelelemente können mit einem Baumdiagramm auch komplizierte Zusammenhänge verdeutlicht und bearbeitet werden.

Wie gehe ich vor ?

Das Thema des Baumdiagramms kann frei gewählt oder ein Ergebnis von vorher eingesetzten Werkzeugen sein.

Dafür geeignet sind beispielsweise Hauptursachen/
-wirkungen eines Relationendiagramms (siehe **Relationendiagramm**) oder Gruppenüberschriften eines
Affinitätsdiagramms (siehe **Affinitätsdiagramm**).

Das Thema wird als Fragestellung oder als zu errei-
chendes Ziel in einem Satz formuliert, auf eine Karte
geschrieben und deutlich sichtbar an einer Tafel oder
Pinnwand angeheftet.
Im nächsten Schritt wird die erste Ebene des Baumdiagramms erstellt. Häufig wird die erste Ebene durch
eine Auflistung von

- ermittelten Ursachen eines zu lösenden Problems
- Tätigkeiten, die ein Ziel berühren oder
- Teilprozessen eines problematischen Gesamtpro-
  zesses

gebildet. Die Unterpunkte dieser Ebene werden ebenfalls auf Karten notiert und neben die Zielkarte geheftet. Der Baum kann dabei von rechts nach links oder
von oben nach unten aufgebaut werden.
An dieser Stelle muß darauf geachtet werden, daß die
erste Ebene noch nicht zu speziell formuliert wird, da
jeder Unterpunkt in dieser Ebene noch in weiteren Ebenen genauer beschrieben werden soll.

Im folgenden wird nun jeder Unterpunkt weiter untersucht, indem die Frage gestellt wird: "Wie kann ich dies
erreichen?" Alle Antworten werden auf Karten notiert
und der Baum damit erweitert.

In wie viele Ebenen ein Baumdiagramm unterteilt wird, hängt von der untersuchten Fragestellung ab. Viele Baumdiagramme haben neben dem Oberthema drei weitere Ebenen. Einige Unterpunkte benötigen aber eine genauere, andere dagegen eine weniger genauere Aufgliederung. Wenn das Baumdiagramm zum Lösen von Problemen eingesetzt wird, sollten so viele Ebenen bearbeitet werden, daß auf der untersten Ebene Maßnahmen stehen, die direkt umgesetzt werden können.

Baumdiagramm für einen Anrufbeantworter

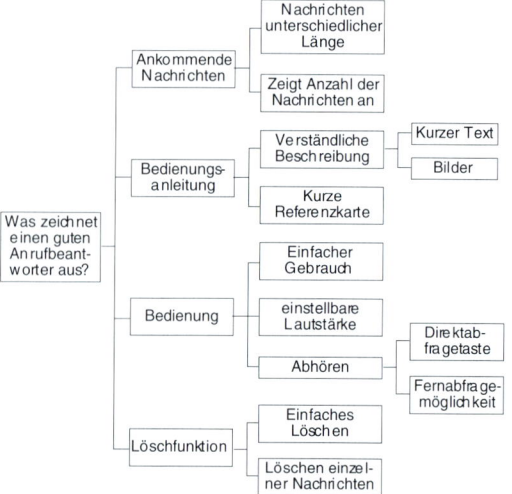

Sind alle Karten angeheftet, wird das Baumdiagramm
vom Team noch einmal auf Vollständigkeit und logische Richtigkeit ("Führt die Maßnahme wirklich zum
angegebenen Ziel?") überprüft und gegebenenfalls verbessert. Ist die Kontrolle abgeschlossen, werden zur
Verdeutlichung Verbindungslinien zwischen den Karten eingezeichnet. Abschließend kann eine Bewertung
vorgenommen werden, indem z.B. Klebepunkte an die
wichtigsten Maßnahmen geklebt werden.

 Zu beachten ist bei der Erstellung eines Baumdiagramms, daß das Wissen der beteiligten Personen nur für einen bestimmten Genauigkeitsgrad
des Baumdiagramms ausreicht. Eventuell muß
eine weitere Aufgliederung des Diagramms von
anderen Teams erarbeitet werden.

Matrixdiagramm

Worum geht es ?

Innerhalb eines Themas gibt es meistens mehrere Sichtweisen (Dimensionen). Dies können z.B. verschiedene Problemursachen, Problemauswirkungen, getroffene Maßnahmen, Verantwortlichkeiten, zur Verfügung stehende Ressourcen, zu erledigende Aufgaben oder Teilprozesse sein. Jede Dimension beinhaltet eine Aufzählung einzelner Merkmale. Zwischen den Merkmalen bestehen Wechselbeziehungen, die mit Hilfe eines Matrixdiagramms gefunden und bewertet werden können. In verschiedenen Matrixformen können zwei oder mehr Dimensionen verglichen werden.

Was bringt es ?

Die systematische Auflistung und Bewertung von Wechselbeziehungen zwischen verschiedenen Dimensionen hilft einem Team, ein Thema besser zu verstehen. Gerade kompliziertere Verhältnisse, bei denen z.B. eine Maßnahme auf mehrere Ziele einwirkt, eine Ursache verschiedene Wirkungen hat oder für eine Aufgabe unterschiedlich starke Verantwortungen bestehen, können aufgezeigt werden. Je nach den gewählten Dimensionen lassen sich dann aus dem Matrixdiagramm Themenschwerpunkte, Handlungsanweisungen, Verantwortlichkeiten o.ä. ableiten. Durch das gemeinsame Erarbeiten des Diagramms werden Entscheidungen in einem Team besser akzeptiert.

Wie gehe ich vor ?

Zuerst muß festgelegt werden, welche Sichtweisen bzw.
Dimension bezeichnet, eines Themas verglichen werden sollen. Typische Vergleiche in einem Matrixdiagramm sind Aufgaben/Verantwortlichkeiten, Fehler-
ursache/Fehlerwirkung/Gegenmaßnahmen oder Teil-
prozesse/verfügbare Mittel. Es können bis zu vier Dimensionen ausgewählt werden, von denen jeweils zwei
miteinander verglichen werden sollen. Abhängig von
der Anzahl der Dimensionen und der geplanten Vergleiche wird dann die geeignete Matrixform ausgewählt.
Am gebräuchlichsten ist die L-Matrix für einen Vergleich von zwei Dimensionen und die T-Matrix für einen Vergleich von zwei Dimensionen mit einer dritten.
Daneben gibt es noch die Y-Matrix für einen Vergleich
von drei und die X-Matrix für einen Vergleich von vier
Dimensionen untereinander.

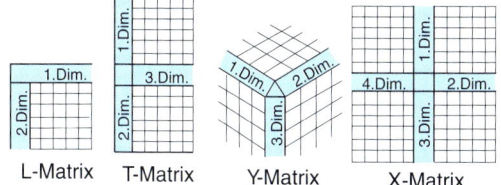

Jede Dimension wird durch einzelne Merkmale beschrieben. Diese können entweder neu gesammelt (siehe **Brainstorming**) oder aus Ergebnissen anderer Werkzeuge entnommen werden, wie z.B. der untersten Ebene eines Baumdiagramms (siehe **Baumdiagramm**). Die

gewählte Matrixform wird dann an einer Tafel oder
ähnlichem angezeichnet und die Merkmale entsprechend eingetragen.

Jede Zelle der Matrix, die aus Spalten und Zeilen gebildet wird, stellt eine mögliche Beziehung zwischen
zwei Merkmalen dar. Es muß nun für jede Zelle geprüft werden, ob eine Beziehung besteht. Ist dies der
Fall, wird die Beziehung bewertet und in die Zelle eine
entsprechende Zahl oder ein Symbol eingetragen. Wenn
Symbole verwendet werden, muß ihre Bedeutung vorher vom Team eindeutig festgelegt worden sein. Die
Möglichkeiten sind dabei vielfältig, z.B.:

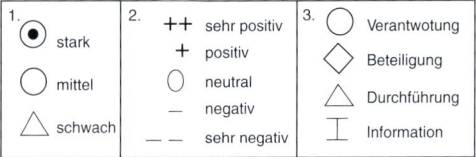

Es ist darauf zu achten, daß jede Zelle für sich beurteilt
und nicht bewußt ein bestimmtes Symbolschema erzeugt wird. Das von allein entstehende Muster läßt
Rückschlüsse und Deutungen zu. In einigen Fällen ist
es zusätzlich sinnvoll, die Symbole mit Zahlen zu bewerten und dann für jede Zeile und Spalte eine Summe
zu berechnen, die eine weitere Information darstellt.

T-Matrix zum Einsatz von Qualitätstechniken

	QFD	FMEA	SPR	SVP	Q7	M7
Kundenanforderungen umsetzen	●	○				○
mögliche Fehler im Vorfeld untersuchen		●				○
geordnetes Vorgehen zum Beseitigen von Fehlern		●	○	●	●	●
Verbesserung der Dokumentation	●	○	●		●	●
…						

Ziele / Funktionsbereiche	Q.-Techniken	QFD	FMEA	SPR	SVP	Q7	M7
Entwicklung		▽	⊙		▽	○	○
Fertigung		⊙	○	▽	○	○	○
Fertigungsplanung		○	▽			○	○
Qualitätswesen		⊙	⊙	○	⊙	▽	▽
Vertrieb		⊙			⊙	○	○
…							

○ schwache Unterstützung
● starke Unterstützung

⊙ verantwortlich
○ immer beteiligt
▽ im Einzelfall beteiligt

☞ Es sollten nicht zu viele Merkmale einer Dimension untersucht werden (max. 20), da sonst die Übersichtlichkeit leidet. Außerdem steigt der Arbeitsaufwand sehr schnell stark an. So sind z.B. bei einer L-Matrix mit je zehn Merkmalen schon 100 Beziehungen zu überprüfen.

☞ Werden mit dem Matrixdiagramm Verantwortlichkeiten verteilt, sollte für jede Aufgabe nur ein Hauptverantwortlicher eingetragen werden, da es sonst zu Kompetenzschwierigkeiten kommen kann.

Portfolio

Worum geht es ?

In einem Portfolio werden mehrere Objekte qualitativ
gegenübergestellt. Die Objekte werden dabei nach zwei
Kriterien (Dimensionen) bewertet und in einem Achsenkreuz eingetragen. Aus der Darstellung lassen sich z.B.
die Ist-Situation, Entwicklungsmöglichkeiten und angestrebte Ziele für ein Vorhaben ableiten. Häufig findet das Portfolio Anwendung bei einem Unternehmens-
oder einem Produktvergleich.

Was bringt es ?

Das Portfolio ermöglicht einem Team, eine große Menge an Daten zu verdichten und überschaubar darzustellen. Es kann so als bildliche Unterstützung der Diskussion dienen. Aus der Darstellung können die Zusammenhänge von zwei Dimensionen eines Objektes sowie die Verhältnisse zwischen den Objekten abgelesen
werden. Es können daraus z.B. neue Ziele für Produkt-
entwicklungen abgeleitet werden.

Wie gehe ich vor ?

Zu Beginn werden die Objekte festgelegt, die miteinander verglichen werden sollen. Für die typischen An-
wendungen sind dies z.B. das eigene Unternehmen und
mehrere Konkurrenzunternehmen, das eigene Produkt
und mehrere Konkurrenzprodukte oder mehrere Pro-

dukte der eigenen Produktpalette. Aber auch andere
Objekte können verglichen werden, so z.B. Personen,
Orte oder Maßnahmen. Wenn die Objekte ausgewählt
sind, müssen die zwei Kriterien festgelegt werden, nach
denen die Objekte beurteilt werden sollen. Das können
bei einem Produktvergleich z.B. Preis, Qualität, verschiedene Funktionseigenschaften oder Wettbewerbsvorteile sein. Bei einem Unternehmensvergleich eignen sich z.B. Leistung, Marktanteil, Marktwachstum,
Umsatz, Rendite oder Mitarbeiterzahl. Für die zwei
gewählten Kriterien werden dann jeweils die Maßgröße
und deren Berechnungsweise eindeutig bestimmt. Die
Maßgrößen können sich aus einer Vielzahl von Einzeldaten zusammensetzen. Es ist aber auch möglich, einen qualitativen Maßstab zu wählen, wie z.B. "hoch -
mittel - niedrig".

Für jedes untersuchte Objekt werden nun die beiden
Maßgrößen ermittelt. Liegen die Daten nicht vor, z.B.
über Konkurrenzunternehmen, müssen die Größen ge-
schätzt werden.

Aus den beiden Kriterien wird ein Achsenkreuz gebil-
det, in das alle Objekte entsprechend der ermittelten
Werte eingetragen werden. Hierbei besteht die Mög-
lichkeit durch verschieden große Symbole ein drittes
Kriterium in das Portfolio einzuzeichnen. Bei Produkt-
oder Unternehmensvergleichen wird z.B. häufig der
Umsatz oder Marktanteil durch unterschiedlich große
Kreise dargestellt.

Zur besseren Übersicht im Portfolio besteht die Möglichkeit, das Achsenkreuz in verschiedene Felder zu
unterteilen. Jedes Feld kann dann eine spezielle Hand-
lungsweise darstellen.

Aus der Lage der einzelnen Objekte zueinander können nun im fertigen Portfolio Rückschlüsse auf die bestehende Situation gemacht werden. Außerdem können Ziele festgelegt und angestrebte neue Positionen zur Verdeutlichung gekennzeichnet werden.

Analyse des Automarktes mit Hilfe eines Portfolios

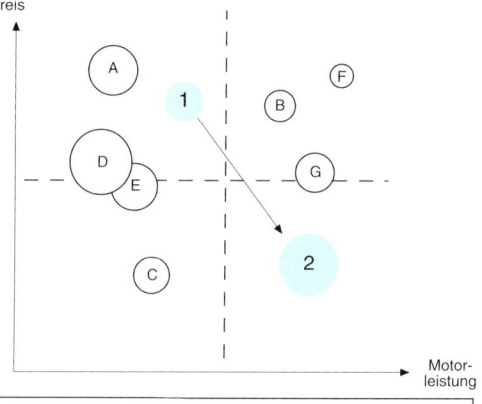

A - G : Konkurrenzunternehmen
  1   : momentaner Zustand des eigenen Unternehmens
  2   : angestrebter zustand des eigenen Unternehmens
Die Kreisgröße gibt den Umsatz des jeweiligen Unternehmens wieder.

Netzplan

Worum geht es ?

In einem Netzplan wird der zeitliche Verlauf eines Projektes, das aus einzelnen Vorgängen besteht, übersichtlich dargestellt. Die einzelnen Vorgänge werden so miteinander verknüpft, daß zeitkritische Zusammenhänge und gegenseitige Abhängigkeiten sichtbar werden. Der Netzplan ermöglicht dadurch die Planung von Projekten jeder Größe und die Überwachung ihrer Durchführung.

Was bringt es ?

Aus der Darstellung eines Projektes in einem Netzplan lassen sich die Gesamtdauer des Projektes, der Zeitbedarf der einzelnen Vorgänge sowie deren Anfangszeitpunkte ablesen. Die dargestellte Reihenfolge der Vorgänge gibt wieder, welche Vorgänge parallel und welche nur nacheinander stattfinden können. Ebenso wird deutlich, in wieweit Vorgänge zeitlich verschoben werden können ohne die Gesamtdauer zu verlängern. Alle Vorgänge, die nicht verschoben werden können, bilden den "kritischen Pfad" des Projektes.

Der Netzplan verdeutlicht allen Personen, die an der Durchführung dieser kritischen Vorgänge beteiligt sind, wie wichtig die Einhaltung der Zeitvorgaben ist. Die kritischen Vorgänge bilden Ansatzpunkte, um die Gesamtdauer des Projektes zu verkürzen.

Wie gehe ich vor ?

Zuerst werden alle für das Erreichen des Projektzieles notwendigen Vorgänge gesammelt oder aus vorhandenen Dokumenten entnommen. Vorgänge beinhalten dabei keine einzelnen Handgriffe, sondern in sich abgeschlossene Teilaufgaben oder Tätigkeiten. Jeder Vorgang wird auf einer Karte notiert. Zusätzlich wird eine Startkarte erstellt. Sie wird als Netzplananfang auf der linken Seite einer Tafel angeheftet.

In einem ersten Schritt werden dann alle Vorgänge ermittelt, die zu Beginn des Projektes stattfinden können, ohne daß andere Vorgänge schon beendet sein müssen. Die entsprechenden Karten werden rechts neben dem Projektstart untereinander angeheftet (Bild A). In einem nächsten Schritt werden alle Vorgänge ermittelt, die stattfinden können, wenn die bereits angehefteten Vorgänge beendet worden sind. Diese Karten werden rechts vom bisher erstellten Netzplan wieder untereinander angeheftet (Bild B). Dieser Schritt wird solange wiederholt, bis alle Vorgänge angeheftet worden sind. Das Projektende wird rechts neben den anderen Karten durch eine eigene Karte markiert.

Beginnend beim Projektstart werden nun Verbindungspfeile zwischen den Vorgängen eingezeichnet, zwischen denen eine direkte Vorgänger-Nachfolger-Beziehung besteht. D.h. es werden zwei Vorgänge dann verbunden, wenn der eine Vorgang beendet sein muß, bevor der andere beginnt (Bild C). Überschneidungen der Pfeile sollten vermieden werden, gegebenenfalls müssen daher Karten umsortiert werden.

C

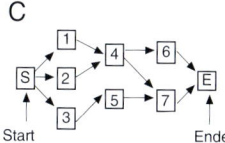

Start   Ende

Anschließend werden alle Vorgänge durchnumeriert und eine realistische Schätzung der einzelnen Vorgangsdauern auf den entsprechenden Karten notiert. Die Vorgangsdauern müssen alle in der gleichen Zeiteinheit gemessen sein.

Um den "kritischen Pfad" zu ermitteln, werden auf der linken Seite beginnend von jedem Vorgang der früheste Anfangszeitpunkt (FAZ) und der früheste Endzeitpunkt (FEZ) berechnet.
Beispiel (S.65): Der FAZ des Vorgangs "Seminarraum reservieren" ist *1*, da erst der Vorgang "Termin festlegen" abgeschlossen sein muß. Der FEZ ist dann *1* plus die Dauer des Vorgangs, also in diesem Fall *3*.

Wenn alle FAZ und FEZ berechnet sind, wird von rechts nach links zurückgerechnet, um die spätesten Endzeitpunkte (SEZ) und die spätesten Anfangszeitpunkte (SAZ) für jeden Vorgang zu berechnen.

Beispiel (S.65): Der SEZ des Vorgangs "Seminarraum reservieren" ist *10*, da erst dann der Vorgang "Einladungen verschicken" anfangen muß. Der SAZ ist dann *10* minus Dauer des Vorgangs, also in diesem Fall *8*.

Alle errechneten Zeitpunkte werden auf den Karten notiert. Für den Projektstart sind alle Zeitpunkte gleich Null. Beim Projektende sind alle Zeitpunkte gleich dem FEZ des Projektendes, der auch die Gesamtdauer des Projektes darstellt. Die Berechnungsvorschriften sind im Einzelnen:

vollständiger Vorgang:

NR.	Vorgangs-beschreibung	
Vor-gangs-dauer	FAZ	FEZ
	SAZ	SEZ

FAZ = der höchste FEZ von allen direkten Vorgängern

$FEZ = FAZ + Vorgangsdauer$

SEZ = der niedrigste SAZ von allen direkten Nachfolgern

$SAZ = SEZ - Vorgangsdauer$

Auf dem kritischen Pfad liegen alle Vorgänge, für die gilt: $FAZ = SAZ$ und $FEZ = SEZ$. Um den kritischen Pfad optisch hervorzuheben, kann er z.B. durch einen Rahmen besonders markiert werden.

Sollten sich Verlängerungen oder Verkürzungen der Vorgänge auf dem kritischen Pfad ergeben, dann hat dies einen direkten Einfluß auf die Gesamtdauer des Projektes. Bei allen anderen (nicht kritischen) Vorgängen kann der Anfangszeitpunkt jeweils zwischen dem FAZ und dem SAZ verschoben werden, ohne daß sich das Projektende verschiebt. Mit Hilfe dieser Informationen können Engpässe vermieden und die vorhandenen Mittel optimal eingeteilt werden.

Netzplan am Beispiel
einer Vorbereitung eines Seminars

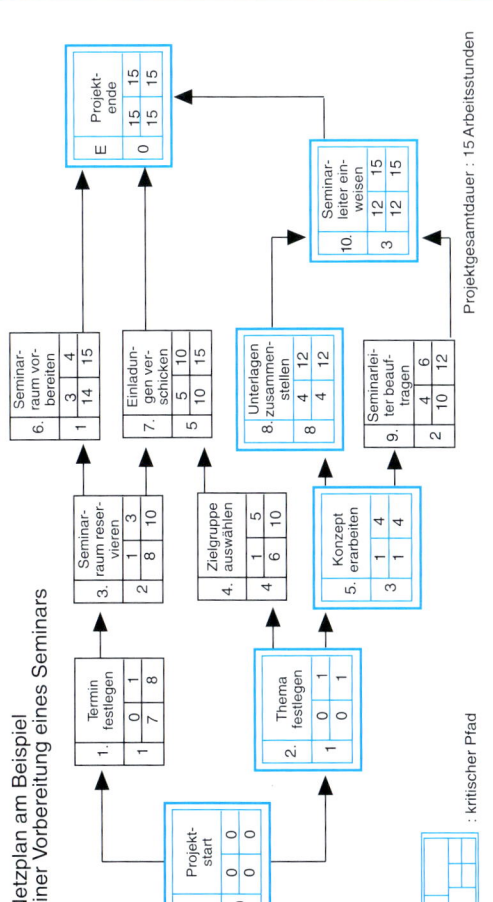

Projektgesamtdauer : 15 Arbeitsstunden

: kritischer Pfad

Problem-Entscheidungs-Plan

Worum geht es ?

Bei jeder Art von Vorhaben oder Projekten können Probleme oder Fehler auftreten. Mit dem Problem-Entscheidungs-Plan werden daher schon im voraus mögliche Schwierigkeiten gesammelt und mögliche Gegenmaßnahmen festgelegt. Die graphische Darstellung der Zusammenhänge ermöglicht einen schnellen Überblick über das notwendige Vorgehen.

Was bringt es ?

Durch das Beachten von möglichen Problemen bereits in der Planungsphase kann ein Ziel auch bei ungünstigen Umständen erreicht werden. Gegenmaßnahmen können in Ruhe erarbeitet, bewertet und ausgewählt werden. Sie stehen dann beim Auftreten eines Problems bereits fest. Eventuell notwendige Vorbereitungen für Gegenmaßnahmen können frühzeitig eingeleitet werden. Anhand des Problem-Entscheidungs-Plans ist es außerdem möglich, Verantwortlichkeiten festzulegen.

Wie gehe ich vor ?

Im ersten Schritt wird das Ziel, das erreicht werden soll, und die dafür notwendigen Tätigkeiten festgelegt. Im allgemeinen werden sie aus einem Baumdiagramm (siehe **Baumdiagramm**) übernommen. Auch der Problem-Entscheidungs-Plan hat eine Baumstruktur, die z.B. an einer Tafel aufgezeichnet oder mit Hilfe von Karten erstellt werden kann. In der ersten Verzweigungsebene des Baumes werden die Tätigkeiten in ihrer logischen bzw. zeitlichen Reihenfolge eingetragen. Im Team werden dann mit Hilfe eines Brainstormings (siehe **Brainstorming**) zu jeder Tätigkeit bzw. jedem Vorgang Probleme gesammelt, die möglicherweise auftreten können. Sie werden als zweite Ebene in den Baum eingetragen. Danach erarbeitet das Team in einem weiteren Brainstorming zu jedem möglichen Problem eine oder mehrere Gegenmaßnahmen. Sie bilden die dritte Baumebene. In einer anschließenden Diskussion werden alle Maßnahmen, die zur Lösung eines Problems gefunden wurden, bewertet und die geeignetste ausgewählt. Mit Hilfe von Symbolen kann die Auswahl noch verdeutlicht werden.

Variationen

Der Problem-Entscheidungs-Plan kann auch in Form eines Textes erstellt werden. Dabei werden die Tätigkeiten, Probleme und Gegenmaßnahmen mit Worten beschrieben. Durch die Verwendung einer geeigneten Gliederung und Durchnumerierung kann im Einzelfall die Textversion übersichtlicher sein als die graphische Darstellung.

Problem-Entscheidungs-Plan am Beispiel eines Versandvorganges

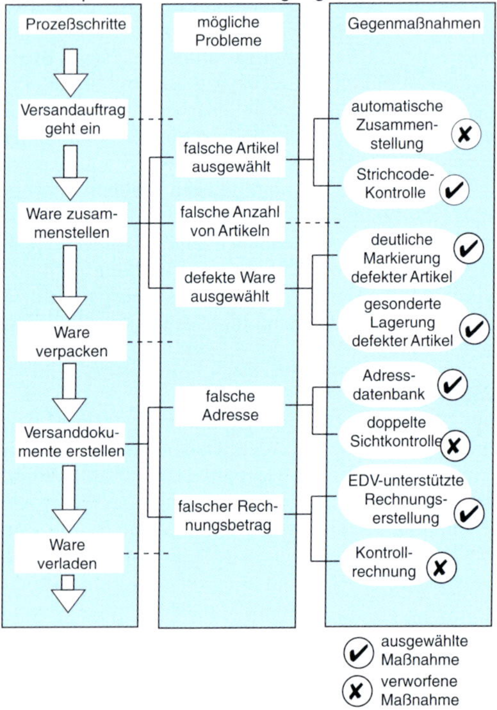

Prozeßschritte	mögliche Probleme	Gegenmaßnahmen
Versandauftrag geht ein		
Ware zusammenstellen	falsche Artikel ausgewählt	automatische Zusammenstellung (✗) / Strichcode-Kontrolle (✓)
	falsche Anzahl von Artikeln	
Ware verpacken	defekte Ware ausgewählt	deutliche Markierung defekter Artikel (✓) / gesonderte Lagerung defekter Artikel (✓)
Versanddokumente erstellen	falsche Adresse	Adress-datenbank (✓) / doppelte Sichtkontrolle (✗)
Ware verladen	falscher Rechnungsbetrag	EDV-unterstützte Rechnungserstellung (✓) / Kontrollrechnung (✗)

(✓) ausgewählte Maßnahme

(✗) verworfene Maßnahme

Qualitätsfunktionen-Darstellung (QFD)

Worum geht es ?

In der Planungsphase wird weitgehend die Qualität eines Produktes oder einer Dienstleistung festgelegt. Daher ist es gerade hier notwendig, die Kundenwünsche genau in Produktmerkmale umzusetzen. Diese Aufgabe wird durch die Qualitätsfunktionen-Darstellung (Quality Function Deployment, QFD) unterstützt. Mit Hilfe dieser Kommunikations- und Planungsmethode ist es möglich, gezielt die Kundenanforderungen (*Stimme des Kunden*) in technische Merkmale (*Sprache der Ingenieure*) zu übersetzen. In einer ersten Phase werden die Kundenanforderungen in meßbare Produktmerkmale umgesetzt. In drei weiteren Phasen werden daraus Konstruktions- und Prozeßmerkmale erarbeitet sowie Arbeits- und Prüfanweisungen festgelegt. Um ein geordnetes Vorgehen zu sichern und zur graphischen Veranschaulichung wird in jeder Phase ein Qualitätshaus (House of Quality, HoQ) erstellt. Dies ist eine umfassende Beziehungsmatrix (siehe **Matrixdiagramm**), die aus einzelnen *Zimmern* besteht, die nacheinander ausgefüllt werden.

Was bringt es ?

Durch die Anwendung der QFD in der Planungsphase werden die Anforderungen an Produkte und Prozesse genau ermittelt, so daß das Endprodukt den Kundenwünschen wirklich entspricht. Die Bedeutung der ermittelten Produktmerkmale wird bewertet und kritische Merkmale werden sichtbar. Die Ergebnisse dienen dann als Grundlage für die Erstellung von Arbeits- und Prüfplänen. Die Qualitätsforderungen werden so vom Kunden bis zum Maschinenbediener durchgängig berücksichtigt. Qualität wird somit vom Unternehmen bewußt nach den Anforderungen des Marktes geplant. Dies führt zu einer starken Kundenorientierung und verringert die Gefahr von Fehlentwicklungen.

Zu Beginn des Entwicklungsprozesses erhöht sich durch die QFD der Arbeitsaufwand. Durch die frühe Einbeziehung der Kundenanforderungen werden jedoch in den späteren Entwicklungsphasen aufwendige Änderungen und Korrekturen vermieden, wodurch sich die Entwicklungszeit insgesamt verkürzt. Ebenso verringern sich die Entwicklungs- und Anlaufkosten eines neuen Produktes.

Durch die Arbeit in einem fachübergreifenden Team wird die Kommunikation zwischen den einzelnen Bereichen erheblich verbessert. Fachübergreifendes und prozeßorientiertes Denken der Mitarbeiter wird gefördert. Die übersichtliche Darstellung der Ergebnisse im HoQ erleichtert darüber hinaus die Dokumentation.

Wie gehe ich vor ?

Die QFD wird in einem Team durchgeführt, das aus höchstens 5 bis 8 Mitgliedern besteht. Darin sollten Marketing, Konstruktion, Qualitätswesen, Fertigung und Service, im Einzelfall auch noch weitere Fachgebiete vertreten sein. Ein mit der QFD gut vertrauter Moderator leitet die QFD-Sitzung.

Die QFD besteht aus vier aufeinander aufbauenden Phasen. In jeder Phase wird der Frage: *WAS wird gefordert?* die Frage: *WIE werden die Forderungen erfüllt?* gegenübergestellt. Das WIE (Ergebnis) einer Phase dient der nächsten Phase als WAS (Eingangsdaten).

In der ersten Phase, dem *Qualitätsplan Produkt,* werden Kundenanforderungen (WAS) Produktmerkmalen/ Designanforderungen (WIE) gegenübergestellt.

In der zweiten Phase, dem *Qualitätsplan Konstruktion/Teile*, werden die kritischen Produktmerkmale (WAS) in Qualitätsmerkmale einzelner Baugruppen oder Teile (WIE) umgesetzt.

Im folgenden *Qualitätsplan Prozeß* werden aus den kritischen Baugruppenmerkmalen (WAS) Prozeßmerkmale und -parameter für Prozeß- und Prüfablaufpläne (WIE) ermittelt.

In der letzten Phase, dem *Qualitätsplan Produktion*, werden schließlich die kritischen Prozeßmerkmale (WAS) in Arbeits- und Prüfanweisungen (WIE) übertragen.

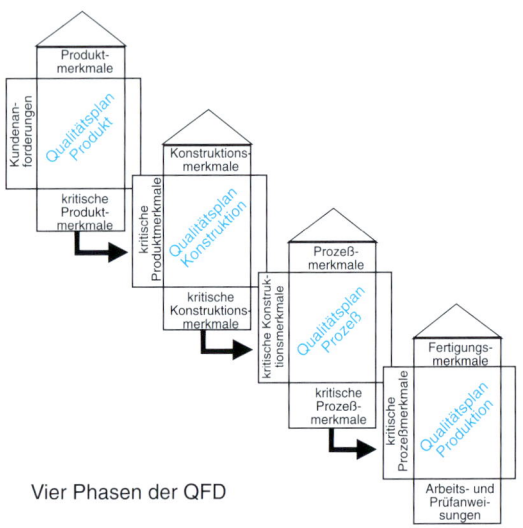

Vier Phasen der QFD

Da die Erstellung aller vier Qualitätspläne sehr aufwendig ist, ist es im Einzelfall möglich, nur die Pläne zu erstellen, bei denen bisher Umsetzungsprobleme bestanden haben. So wird häufig nur die erste Phase durchgeführt, da die Übersetzung der Kundenanforderungen in Produktmerkmale oft die größten Schwierigkeiten bereitet. Im folgenden wird daher exemplarisch ein HoQ für den Qualitätsplan Produkt erstellt. Für die anderen Qualitätspläne wird das HoQ in der gleichen Weise erarbeitet.

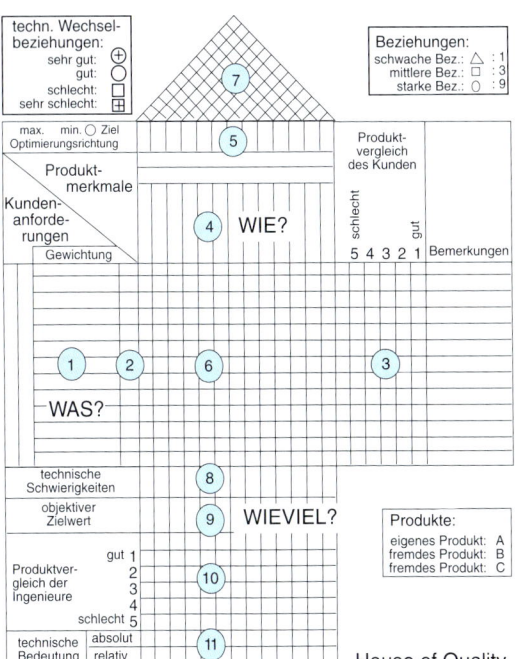

House of Quality

1. Kundenanforderungen ermitteln

Als Grundlage des HoQ und damit als wichtigster Schritt werden die Kundenanforderungen aufgelistet. Dabei ist es notwendig, ein genaues Bild des angestrebten Kundenkreises zu beschreiben und festzulegen. Die dazu benötigten Informationen müssen mit Hilfe von Marktanalysen, Kundenbefragungen, Vertriebs- und

Serviceerfahrungen, Händlerhinweisen usw. beschafft werden. Auch eine direkte Beteiligung von Kundenvertretern an der QFD-Sitzung ist denkbar. Die daraus ermittelten Kundenwünsche werden in das HoQ eingetragen, wobei bewußt die Ausdrucksweise der Kunden beibehalten werden soll, wie z.B.:

> "Das Getriebe soll leise sein."
> "Das Auto soll sportlich aussehen."
> "Der Füller soll lange schreiben."
> "Der Fernseher soll preiswert sein."

Für eine bessere Übersichtlichkeit ist es eventuell sinnvoll, die einzelnen Anforderungen nach Oberbegriffen zu ordnen. Es sollten nicht mehr als 20 Anforderungen aufgelistet werden, da die Matrix ansonsten zu groß wird.

2. Bewertung der Kundenanforderungen

Nicht alle Anforderungen haben für den Kunden die gleiche Bedeutung. Einige haben sogar gegensätzliche Zielsetzungen. Daher werden die Kundenanforderungen auf einer Skala von 1 ("für Kunden eher unwichtig") bis 10 ("für den Kunden sehr wichtig") gewichtet.

3. Produktvergleich aus Kundensicht

Um die Vorteile des eigenen Produktes besser einschätzen zu können, wird es aus Kundensicht mit den wichtigsten Konkurrenzprodukten verglichen. Dazu wird jedes Produkt hinsichtlich jeder Kundenanforderung beurteilt. Die Beurteilung wird mit Hilfe von Symbolen auf einer Skala eingetragen. Wichtig ist dabei, daß die Produkte auf Grund der vom Kunden wahrgenommenen Eigenschaften beurteilt werden und nicht auf

Grund des technischen Wissens der Ingenieure. Am besten wird dieser Vergleich vom Kunden selbst erstellt. Häufig ist dies aber nicht möglich, so daß andere Informationsquellen (Marktanalyse, Befragungen u.ä.) benutzt werden müssen. Als Ergebnis erhält man ein Stärken-Schwächen-Profil des eigenen Produktes. Es lassen sich daraus Verbesserungsmöglichkeiten, aber auch schon bestehende Wettbewerbsvorteile ablesen.

kundenspezifische Achse einer QFD
(Qualitätsplan Produkt) für ein Getriebe:

Kunden-anforderungen	Produktmerkmale					Produktvergleich des Kunden
		Gewichtung			schlecht	gut
					5 4 3 2	1
Komfort	Schaltgefühl angenehm	7				B A
	keine Schalthebelvibrat.	7				B A
	leise	10				B A
	wartungsfreundlich	2				A B
Gestaltung	passende Übersetzung	9				A B
	klein	2				A B
	leicht	2				A B
Wirtschaftlichkeit	preiswert, wirtschaftlich	5				B A
	robust, lange Lebensd.	5				A B
Umwelt	umweltfr.(dicht,Recycl.)	4				B A

Produkte:
eigenes Produkt: A
fremdes Produkt: B
fremdes Produkt: C

4. Produktmerkmale ermitteln

Nachdem nun die kundenorientierte Achse vollständig bearbeitet wurde, wird das Produkt aus Ingenieurssicht betrachtet und durch Produktanforderungen beschrieben. D.h. es sollen die technischen Produktmerkmale zusammengetragen werden, die geeignet sind, die Kundenanforderungen zu erfüllen. Eine Möglichkeit, diese technischen Merkmale zu finden, kann der Versuch sein, die Kundenanforderungen in meßbare Größen umzuformulieren. Auch bei der so entstehenden Auflistung kann es sinnvoll sein, die Produktmerkmale nach Oberbegriffen zu ordnen. Wird ein technisches Merkmal gefunden, das keine Kundenanforderung trifft, ist es entweder für die Betrachtung unwichtig oder eine wichtige Kundenanforderung wurde vergessen.

5. Optimierungsrichtung festlegen

Jedem ermittelten Produktmerkmal wird eine Optimierungsrichtung zugeordnet. Sie gibt an, wie das Merkmal verändert werden muß, um es zu verbessern. Muß es vergrößert werden, wird ein Pfeil nach oben, muß es verkleinert werden, ein Pfeil nach unten eingezeichnet. Ein Kreis zeigt an, daß ein konkreter Zielwert oder - bereich erreicht werden muß.

6. Beziehungsmatrix erstellen

Als Kern des HoQ entsteht eine Beziehungsmatrix, die den Zusammenhang zwischen Kundenanforderungen und Produktmerkmalen wiedergibt. Für jedes Feld wird überprüft, ob das Produktmerkmal einen Einfluß auf die jeweilige Kundenanforderung hat. Ist das der Fall, wird eine Bewertung vorgenommen und die Beziehung mit einem Symbol in der Matrix festgehalten.

An Hand der fertigen Matrix kann überprüft werden, ob alle Kundenanforderungen durch Produktmerkmale erfüllt werden. Die stark gewichteten Kundenanforderungen müssen dabei in einer starken Beziehung zu Produktmerkmalen stehen. Wird dies nicht beachtet, erfüllt der Produktentwurf schon jetzt nicht alle Kundenanforderungen.

7. Technische Wechselbeziehungen bestimmen

Die Produktmerkmale können sich gegenseitig beeinflussen und sogar widersprechen. Im *Dach* des HoQ
werden diese Wechselbeziehungen festgehalten. Jedes
Produktmerkmal wird dazu unter Berücksichtigung der
Optimierungsrichtungen mit jedem anderen Produktmerkmal ins Verhältnis gesetzt. Eine positive Beziehung besteht dann, wenn durch die Verbesserung des
einen Merkmales das andere Merkmal auch verbessert
wird *(Zielharmonie)*. Eine negative Beziehung besteht,
wenn durch die Verbesserung des einen Merkmales das
andere Merkmal verschlechtert wird *(Zielkonflikt)*. Besteht keine Beziehung spricht man von *Zielneutralität*.
Die bestehenden Beziehungen werden mit Symbolen
in die Matrix eingetragen. Aus dem Ergebnis lassen sich
die Folgen einer technischen Änderung abschätzen. Vor-
und Nachteile von verschiedenen Lösungen können
unter Berücksichtigung der Kundenorientierung gegen-
einander abgewogen werden.

8. Technische Schwierigkeiten bewerten

Die ermittelten Produktanforderungen sind unterschiedlich leicht zu erfüllen. Um mögliche Schwierigkeiten
bei der Umsetzung abschätzen zu können, werden sie
daher hinsichtlich ihrer technischen Umsetzbarkeit bewertet. Die Bewertungsskala reicht von 1 ("sehr leicht
erreichbar") bis 10 ("sehr schwer, fast gar nicht erreichbar").

9. Zielwerte festlegen

Für jedes Produktmerkmal wird eine Maßgrößen bestimmt, die jeweils das Produktmerkmal genau beschreibt. Als Zielwert wird ein konkreter Wert festge-

legt. Die aus den Kundenanforderungen entwickelten Produktmerkmale können dadurch direkt mit Kenngrößen gemessen und kontrolliert werden.

10. Produktvergleich aus Ingenieurssicht

Analog zu Schritt 3. wird nun ein Produktvergleich aus technischer Sicht durchgeführt. Dazu werden bei den Konkurrenzprodukten die Produktmerkmale mit Hilfe der festgelegten Maßgrößen (Schritt 9.) vermessen. Die Werte werden zusammen mit den Zielwerten des eigenen Produktes in einer Skala eingetragen, so daß sich jeweils ein technisches Produktprofil ergibt. Bei denjenigen Produktmerkmalen, die eine Kundenanforderung mit hoher Gewichtung widerspiegeln, sollte das eigene Produkt der Konkurrenz überlegen sein.

11. Bewertung der technischen Bedeutung

Zuletzt wird eine Bewertung der technischen Bedeutung der Produktmerkmale vorgenommen. Dazu werden die Gewichtung der Kundenanforderungen (Schritt 2.) mit den Bewertungen in der Beziehungsmatrix (Schritt 6.) multipliziert und spaltenweise aufaddiert. Daraus ergibt sich die Bedeutung für jedes Produktmerkmal.

An Hand dieser Kennzahlen kann eine Rangfolge der Produktmerkmale aufgestellt werden. Die wichtigsten Produktmerkmale (höchsten Zahlenwerte) werden als kritisch bezeichnet und können in der nächsten QFD-Phase weiter betrachtet werden. Sie bilden dann als Eingangsdaten die gestellten Anforderungen, zu denen Merkmale einzelner Baugruppen ermittelt werden.

ingenieursspezifische Achse einer QFD
(Qualitätsplan Produkt) für ein Getriebe:

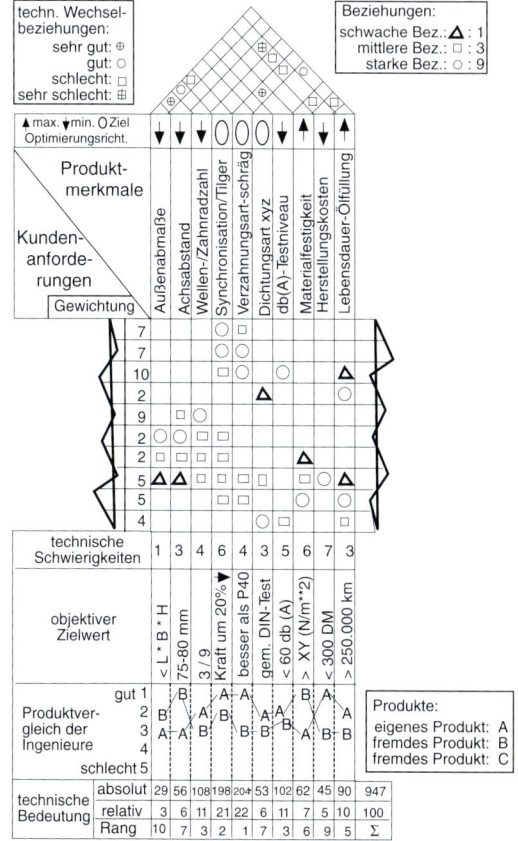

Die angegebene Reihenfolge beim Ausfüllen des HoQ ist nicht zwingend notwendig. Es sollte aber darauf geachtet werden, daß jedes "Zimmer" bearbeitet wird. Im Einzelfall können auch Schwerpunkte gebildet werden, indem jedes Zimmer mit verschiedener Ausführlichkeit bearbeitet wird.

Fehlermöglichkeits- und einflußanalyse (FMEA)

Worum geht es ?

Fehler, die während der Produktion oder dem Einsatz von Produkten auftreten, verursachen hohe Kosten der Fehlerbeseitigung. Oft führen sie sogar bis hin zum Ansehensverlust eines Unternehmens bei seinen Kunden. Es ist daher sinnvoll, schon in einer frühen Phase der Produkt- und Prozeßplanung und -entwicklung möglicherweise auftretende Fehler zu betrachten. Die Fehlermöglichkeits- und einflußanalyse (FMEA) ist eine zielgerichtete Methode, mit der mögliche Fehler frühzeitig ermittelt werden. Die aus den Fehlern entstehenden Risiken werden bewertet und anschließend Gegenmaßnahmen zur Vermeidung der Fehler entwickelt. Nach dem jeweiligen Betrachtungsobjekt der FMEA wird zwischen System-, Konstruktions- und Prozeß-FMEA unterschieden.

Was bringt es ?

Durch das frühe Beschäftigen mit möglichen Fehlerquellen wird eine Strategie der Fehlervermeidung anstatt aufwendiger Fehlerbeseitigung verfolgt. Die FMEA ist daher besonders gut für Neuentwicklungen und Änderungen von Produkten und Prozessen geeignet. Durch die Risikobewertung können kritische Komponenten gefunden und Schwerpunkte bei der Verhütung von Fehlern gesetzt werden.
Die mit der FMEA erzielte Qualitätssteigerung senkt

die Gefahr, daß Produktfehler beim Kunden auftreten und damit Kosten und ein Ansehensverlust entstehen. Dem höheren Aufwand zu Beginn der Entwicklung steht die Vermeidung von späteren Fehlern gegenüber. Weitere Vorteile des FMEA-Einsatzes sind die Steigerung des Qualitätsbewußtseins der Mitarbeiter, der fachübergreifende Wissensaustausch sowie die geordnete und lückenlose Dokumentation der Fehler und Gegenmaßnahmen.

Wie gehe ich vor ?

Zu Beginn der Arbeit wird festgelegt, welche Art der FMEA durchgeführt werden soll. System-, Konstruktions- und Prozeß-FMEA bauen aufeinander auf, haben aber gleichzeitig ganz unterschiedliche Fragestellungen. Mit der **System-FMEA** wird das Zusammenwirken der einzelnen Komponenten eines komplizierten Systems betrachtet. Fehler sollen schon bei der Systemgestaltung vermieden und die Sicherheit und Funktionsfähigkeit des Systems überprüft werden. Informationsgrundlage sind hier bereits erarbeitete Systemkonzepte und Pflichtenhefte.

Mögliche Ausfälle und Fehler, die an einzelnen Teilen oder Baugruppen des Systems auftreten können, werden mit Hilfe der **Konstruktions-FMEA** betrachtet und vorausschauend vermieden. Die Fehlerursachen liegen hier vor allem in der Konstruktion, aber auch in der Art der Fertigung. Die Konstruktions-FMEA wird von dem verantwortlichen Konstrukteur geleitet. Als Grundlage dienen dabei die Konstruktionspläne.

Die **Prozeß-FMEA** ermittelt alle möglichen Fehler im Fertigungs- und Montageprozeß. Prozeßbedingte

Fehlerursachen der Konstruktions-FMEA werden hier weiter untersucht. Es werden so die Eignung und Zuverlässigkeit, sowie die Qualitätsfähigkeit (siehe **SPR**) eines Prozesses frühzeitig sichergestellt. Geleitet wird diese FMEA von einem verantwortlichen Mitarbeiter der Fertigung oder Fertigungsvorbereitung. Als Grundlage werden die Fertigungspläne benutzt.

Bei der Auswahl der FMEA-Art sollte immer vom Ganzen zum Einzelnen vorgegangen werden. Zuerst wird das gesamte System in einer FMEA betrachtet, dann Teilsysteme und Baugruppen. Durch eine weitere Aufgliederung bis hin zu einzelnen Bauteilen werden die FMEAs immer genauer. Ergänzend dazu werden die Prozesse betrachtet.

Im folgenden werden nun die einzelnen Schritte einer FMEA genauer beschrieben. System-, Konstruktions- und Prozeß-FMEA laufen dabei nach dem gleichen Prinzip ab. Für eine geordnete Durchführung der FMEA wird ein Formblatt verwandt (s.S.91), das mit Hilfe von Vergangenheitserfahrung und kreativen Fähigkeiten der Mitglieder des FMEA-Teams in folgender Reihenfolge ausgefüllt wird:

1. Stammdaten
Im oberen Teil des Formblattes werden Informationen über die Art der FMEA, über das betrachtete Teil oder System und die beteiligten Personen eingetragen. Zusätzlich sind zwei Felder vorgesehen, in denen Bereiche oder Lieferanten noch einmal ausdrücklich die beschlossenen Maßnahmen anerkennen können.

2. Betrachtungsobjekt

Das zu untersuchende System, Produkt, Baugruppe oder Bauteil wird hier kurz beschrieben. Dazu werden alle Eigenschaften und Funktionen, die das Objekt erfüllen soll, ermittelt und aufgelistet. Bei einer Prozeß-FMEA wird eine genaue Beschreibung der geplanten Arbeitsfolge festgehalten. Wichtig ist, daß die jeweilige Beschreibung vollständig ist.

3. Mögliche Fehler

Zu jedem der unter 2. ermittelten Eigenschaften, Funktionen und Arbeitsschritten werden nun mögliche Fehler gesammelt. Es sind alle denkbaren Fehler aufzunehmen, unabhängig davon, ob das Auftreten eines Fehlers sehr wahrscheinlich ist oder seine Folgen besonders schwerwiegend sind. Auch Fehler, die nur unter bestimmten Bedingungen auftreten, werden aufgelistet. Anhaltspunkte für die Fehlersuche können schon bekannte Fehler aus vergangenen Projekten sein.
Häufig findet man bei einer Konstruktions-FMEA mögliche Fehler, wenn man das Nichteintreten von Eigenschaften oder Funktionen annimmt. Bei einer Prozeß-FMEA ist alles, was bei der Prozeßfunktion fehlschlagen kann, ein möglicher Fehler.

4. Mögliche Fehlerfolgen

Es wird nun nacheinander für jeden Fehler angenommen, daß er eingetreten ist. Die jeweils entstehenden Auswirkungen auf das Gesamtsystem sind so zu beschreiben, wie der Kunde sie bemerkt oder empfindet. Es werden so für alle Fehler die Fehlerfolgen aufgelistet.

5. Mögliche Fehlerursachen

Zu jedem möglichen Fehler aus 3. werden nun alle denkbaren Ursachen gesammelt. Die Ursachen können dabei system-, konstruktions-, fertigungs- oder montagebedingt sein. Sie müssen einerseits vollständig andererseits aber auch so knapp wie möglich zusammengetragen werden, da im folgenden zu jeder Ursache eine Gegenmaßnahme gefunden werden soll.

6. Derzeitige Kontrollmaßnahmen

Wenn bereits Maßnahmen zur Fehlervermeidung bestehen, werden sie zu den Fehlerursachen notiert. Derzeitig bestehend bedeutet dabei, daß die Maßnahmen in Prüfvorschriften, Regelungen u.ä. festgelegt und von dem entsprechenden Bereich bestätigt worden sind. Sie müssen von Maßnahmen unterschieden werden, die erst in der Diskussion als notwendig erkannt werden. Der verantwortliche Leiter der FMEA sollte das Bestehen von momentanen Maßnahmen auf jeden Fall überprüfen.

7. Auftreten

Für jede mögliche Fehlerursache wird nun die Wahrscheinlichkeit A ihres Auftretens beurteilt und mit einer Note von 1 (unwahrscheinlich) bis 10 (sehr wahrscheinlich) bewertet. Als Beispiel zeigt Tabelle A eine mögliche Einteilung der Skala. Der Bewertungsmaßstab der Skala kann individuell festgelegt werden. Er sollte dann aber für die gesamte FMEA beibehalten werden. Um die Häufigkeit des Auftretens zu schätzen, wird bei einer Konstruktions-FMEA die gesamte Lebensdauer des Bauteils, bei einer Prozeß-FMEA der gesamten Prozeß berücksichtigt. Nur bestehende Maßnahmen, die ein Auftreten verhindern sollen, dürfen dabei in die Bewertung mit einfließen.

Tabelle A: Maßstab für die Auftretenswahrscheinlichkeit

Wahrscheinlichkeit des Auftretens	Häufigkeit	Bewertung
Es ist unwahrscheinlich, daß ein Fehler auftritt.	⟶ 0	1
sehr gering: die Konstruktion entspricht generell früheren Entwürfen, für die verhältnis-mäßig geringe Fehlerzahlen gemeldet wurden.	1/20.000 1/10.000	2 3
gering: die Konstruktion entspricht generell früheren Entwürfen, bei denen gele-gentlich, aber nicht in größerem Maße, Fehler auftraten.	1/2.000 1/1.000 1/200	4 5 6
mäßig: die Konstruktion entspricht generell Entwürfen, die in der Vergangenheit immer wieder Schwierigkeiten verur-sachten.	1/100 1/20	7 8
hoch: Es ist nahezu sicher, daß Fehler in größerem Umfang auftreten werden.	1/10 1/2	9 10

8. Bedeutung für den Kunden

Anschließend wird für jede Fehlerursache die Bedeu-tung B der Folgen ihres Eintretens für den Kunden be-wertet. Im Vordergrund steht dabei die Funktionsfähig-keit. Dazu wird ebenfalls eine Note von 1 (keine Fol-gen) bis 10 (schwerwiegende Folgen) benutzt, die in Tabelle B beispielhaft näher aufgegliedert wird. Kun-den sind bei einer Konstruktions-FMEA immer die Endverbraucher, bei einer Prozeß-FMEA der weiter-verarbeitende Prozeßschritt. Fehlerursachen mit den gleichen Fehlerfolgen werden auch mit der gleichen Bedeutung bewertet.

Tabelle B: Maßstab für die Bedeutung der Fehlerfolgen

Bedeutung (Auswirkung auf den Kunden)	Bewertung
Es ist unwahrscheinlich, daß der Fehler irgendeine wahrnehmbare Auswirkung auf das Verhalten des Produkts oder Systems haben könnte. Der Kunde wird den Fehler wahrscheinlich nicht bemerken.	1
Der Fehler ist unbedeutend und der Kunde wird nur geringfügig belästigt. Der Kunde wird wahrscheinlich nur eine geringfügige Beeinträchtigung des Systems bemerken.	2 - 3
Mittelschwerer Fehler, der Unzufriedenheit bei einigen Kunden auslöst. Der Kunde wird die Beeinträchtigung bemerken und dadurch belästigt sein.	4 - 6
Schwerer Fehler, der den Kunden verärgert. Sicherheitsaspekte oder gesetzliche Überschreitungen sind aber nicht betroffen.	7 - 8
Äußerst schwerer Fehler, der zum "Liegenbleiben" führt oder möglicherweise die Sicherheit und/oder die Einhaltung gesetzlicher Vorschriften beeinträchtigt.	9 - 10

9. Entdeckung

Es wird nun für jede Fehlerursache die Wahrscheinlichkeit E bewertet, daß ein Fehler, der aufgrund der jeweiligen Ursache entstanden ist, entdeckt wird, bevor er den Kunden erreicht. Auch hierzu wird eine Skala von 1 (sehr wahrscheinlich) bis 10 (unwahrscheinlich), wie z.B. in Tabelle C gezeigt, benutzt. Dabei wird die Wirksamkeit der bereits bestehenden Maßnahmen für den Fall bewertet, daß ein Fehler auftritt.

Tabelle C: Maßstab für die Entdeckungswahrscheinlichkeit

Wahrscheinlichkeit der Entdeckung	Bewertung
Hoch (gößer 99,99%); funktioneller Fehler, der nahezu sicher bei den nächsten Arbeitsgängen bemerkt wird.	1
Mittel (größer 99,7%); offensichtlicher Fehler, der z.B. 100% automatisch geprüft wird und den Kunden wahrscheinlich nicht erreichen wird.	2 - 5
Gering (größer 98%); leicht zu erkennender Fehler, der z.B. mit einer 100% Funktionsprüfung kontrolliert wird.	6 - 8
Sehr gering (mindestens 90%); nicht leicht zu erkennendes Fehlermerkmal, das 100% visuell oder manuell geprüft wird.	9
Unwahrscheinlich; verdeckter Fehler, der in der Fertigung oder Montage nicht erkannt wird, da das Merkmal nicht geprüft wird bzw. werden kann.	10

10. Risikoprioritätszahl (RPZ)

Um das Gesamtrisiko einer möglichen Fehlerursache zu bestimmen, wird die sogenannte *Risikoprioritätszahl* berechnet. Sie ist das Produkt aus der Auftretenswahrscheinlichkeit A, der Bedeutung B der Folgen und der Entdeckungswahrscheinlichkeit E.

$$RPZ = A \bullet B \bullet E$$

Sie kann somit Werte zwischen 1 (kein Risiko) und 1000 (sehr hohes Risiko) annehmen. Die Höhe der RPZ allein sagt noch nicht viel aus. Werden die einzelnen Fehlerursachen jedoch nach der Höhe der RPZ geordnet, kann eine Rangfolge für das Beseitigen von Fehlerursachen festgelegt werden. Ursachen mit einer hohen

RPZ müssen also vorrangig durch Verbesserungs-
maßnahmen an Produkt und Prozeß beseitigt werden.

11. Empfohlene Abstellmaßnahmen

Zu jeder Fehlerursache werden nun Maßnahmen erarbeitet, die das Risiko ihres Auftretens senken sollen.
Die RPZ gibt dabei eine Reihenfolge der Bearbeitung
vor. Allgemein sollten Maßnahmen zur Fehlervermeidung denen zur Fehlerentdeckung vorgezogen werden. Einen Anhaltspunkt bei der Maßnahmensuche ge-
ben insbesondere die Einzelkomponenten der RPZ. Bei
einer schwerwiegenden Folge für den Kunden sollte die
Fehlerursache durch Produktverbesserungen und nicht
durch aufwendigere Kontrollmaßnahmen vermieden
werden. Bei einer hohen Auftretenswahrscheinlichkeit
können Produkt- und Prozeßveränderungen helfen. Ist
ein Fehler schwer zu entdecken, müssen sowohl die
Kontrollmaßnahmen verbessert, als auch das Auftreten
vermindert werden.

12. Verantwortlichkeit

Für jede gefundene Maßnahme wird eine Person oder
Gruppe als Verantwortlicher bestimmt. Eventuell kann
hier auch ein Termin für die Durchführung festgelegt
werden.

13. Getroffene Maßnahmen

An dieser Stelle werden die Maßnahmen eingetragen,
die getroffen wurden, um das Auftreten eines Fehlers
zu vermeiden oder um einen möglichen Fehler besser
entdecken zu können. Die Eintragungen dokumentie-
ren daher alle tatsächlich durch die FMEA durchge-
führten Verbesserungen.

14. Verbesserter Zustand

Diese Spalten können dazu benutzt werden, den Erfolg der geplanten Maßnahmen schon im voraus abzuschätzen. Die eigentliche Funktion besteht aber darin, die FMEA weiter zu bearbeiten, nachdem die Maßnahmen durchgeführt worden sind. Das Risiko jeder Fehlerursache wird dann, wie unter 7. bis 10. beschrieben, erneut bewertet. Die neu getroffenen Maßnahmen werden jetzt in der Bewertung mit berücksichtigt. Die ermittelte RPZ gibt dann das immer noch bestehende Restrisiko wieder. Auf diese Weise ist ein Vergleich des Ausgangszustandes mit dem verbesserten Zustand möglich und es kann abgeschätzt werden, ob die Maßnahmen erfolgreich waren oder ob weitere notwendig sind.

 Die FMEA sollte während des gesamten Verlaufs der Entwicklung von Produkten oder Prozessen ständig aktualisiert und weiterbearbeitet werden. Um die kreative Phase, in der die Fehlerart, -folgen und -ursachen ermittelt werden, zu unterstützen, ist es hilfreich, Checklisten zu verwenden. Sie werden in einer gründlichen Vorbereitungsphase einmal erstellt und während der laufenden Arbeit ständig ergänzt. In der Checkliste für die Fehlerart sind alle überhaupt möglichen Fehlerarten als Schlagworte aufgelistet. Gleiches gilt auch bei Checklisten bei Folgen und Ursachen. Während der Bearbeitung wird die jeweilige Checkliste durchgegangen und bei jedem Schlagwort überprüft, ob es für diesen Fall zutrifft. Das Team erhält so eine erste Anregung, die im Einzelfall weiter ausgearbeitet werden muß.

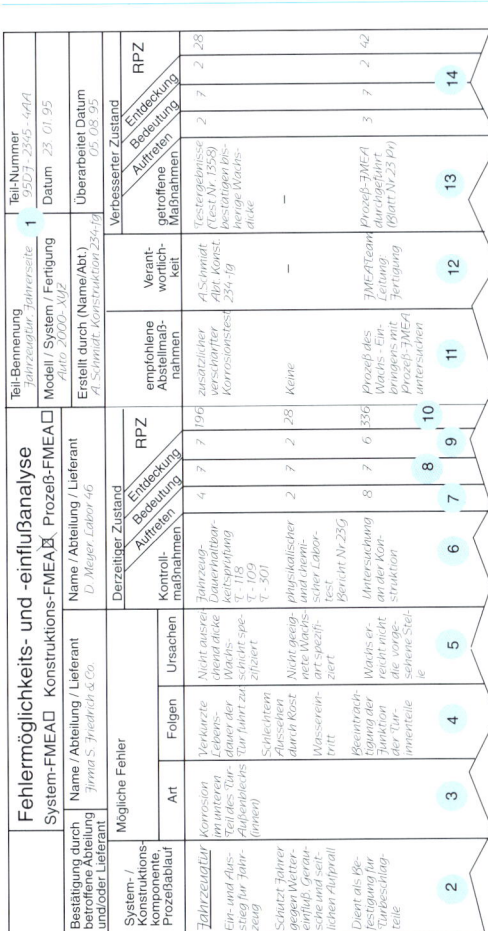

Ausschnitt aus einer Konstruktions - FMEA für eine Fahrzeugtür

Bei der FMEA ist eine objektive, der Realität entsprechende Bewertung der Fehler und ihrer Risiken notwendig. Für Konstrukteure und Prozeßplaner heißt das, daß sie ihre eigene Entwicklung kritisieren müssen. Das fällt den meisten Personen naturgemäß sehr schwer. Das Management und der Moderator müssen hier durch Überzeugungsarbeit helfen. Auch sollte sichergestellt werden, daß beim Entdecken von Fehlern sowohl in dem aktuell bearbeiteten als auch in vergangenen Konzepten dem dafür Verantwortlichen keine negativen Folgen entstehen.

 Ein großes Problem ist die mangelnde Genauigkeit der FMEA. Durch Zeitmangel oder fehlendes Wissen wird die FMEA oft nur oberflächlich durchgeführt und bringt dann keinen nennenswerten Nutzen. Neben einer guten Ausbildung in der FMEA-Methode ist es daher wichtig, sich auf die entscheidenden Funktionen eines Objektes zu beschränken. Diese werden dann jedoch ganz ausführlich untersucht.

Statistische Versuchsplanung nach Shainin (SVP)

Worum geht es ?

Die Qualität eines Produktes oder Prozesses wird durch eine große Anzahl von Einflußgrößen bestimmt. Diese Größen müssen daher so eingestellt werden, daß die Qualitätsanforderungen an das Produkt oder den Prozeß bestmöglich erfüllt werden. Die Art und Stärke der Einflüsse sind jedoch meistens unbekannt. Um nun die besten Einstellungen für alle Einflußgrößen zu finden, müßten alle Einstellungen in vielen Versuchen miteinander kombiniert werden. Das wäre mit großem Zeitaufwand und hohen Kosten verbunden. Die statistische Versuchsplanung (SVP) ermöglicht es daher, die Zahl der notwendigen Versuche stark zu verringern und trotzdem die besten Einstellungen zu finden. Dazu gibt es neben anderen Vorgehensweisen eine Sammlung von sieben Methoden, die nach ihrem Entwickler D. Shainin benannt worden ist. Es wird dabei vom Paretoprinzip (siehe **Paretodiagramm**) ausgegangen, das besagt, daß nur sehr wenige Einflußgrößen die Qualität entscheidend beeinflussen. Die drei wichtigsten Einflußgrößen werden nach der Stärke ihres Einflusses bei Shainin als Rotes X, Rosa X und Blaßrosa X bezeichnet. Das Ziel ist es, diese Größen zu finden und ihre optimalen Einstellungen zu ermitteln. Dabei sollen die wichtigsten Einflußgrößen so eingestellt werden, daß das Produkt oder der Prozeß unempfindlich gegenüber dem Einfluß der restlichen Größen wird. Diese Einstellung wird als "robust" bezeichnet.

Was bringt es ?

Die SVP nach Shainin verfolgt eine Problemlösungs- und keine Problemvermeidungsstrategie. Sie wird daher vorwiegend bei bestehenden Problemen in der laufenden Fertigung eingesetzt. Aber auch bei einer Vorserienfertigung oder einer noch frühen Entwicklungsstufe eines Produktes oder Prozesses ist ihr Einsatz möglich. Voraussetzung ist nur, daß Prototypen vorhanden sind, die untersucht werden können. Bei einem aufgetretenen Problem können mit Hilfe der SVP sehr schnell die wenigen wichtigsten Einflußgrößen gefunden werden. Da die Ergebnisse der einzelnen Methoden in Diagrammen dargestellt werden, sind die Methoden leicht verständlich. Dies läßt eine schnelle Deutung der Ergebnisse zu. Die einzelnen Methoden sind darauf ausgerichtet, die Anzahl der notwendigen Versuche so gering wie möglich zu halten. Dadurch verkürzen sich bei der Problemlösung der Versuchsaufwand und die mit ihm verbundene Zeit und Kosten erheblich.

Wie gehe ich vor ?

Voraussetzung für die SVP nach Shainin ist ein gegebenes Qualitätsmerkmal sowie eine geeignete Methode, es zu messen. Zunächst wird mit dem *Paarweisen Vergleich*, den *Multi-Vari-Karten* und dem *Komponententausch* die große Menge der vorhandenen Einflußgrößen auf eine Anzahl von 5 - 20 Größen reduziert. Diese drei Methoden werden auch als Hinweisgeneratoren bezeichnet. Mit der *Variablensuche* werden dann das Rote X und Rosa X bestimmt. In einem *vollständigen Versuch* werden anschließend geeignete Einstellungen für die vier wichtigsten Einflußgrößen ermittelt und mit dem *Vergleich A zu B* noch einmal überprüft. Mit Hilfe von *Streudiagrammen* können diese Einstellungen noch verbessert werden.

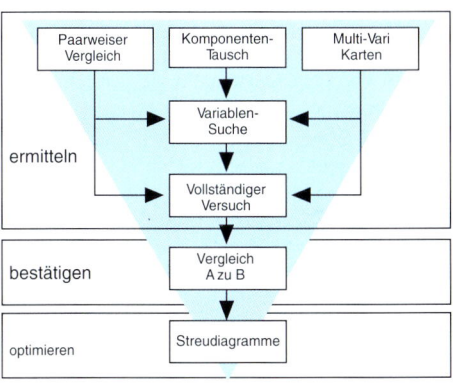

Methoden der Versuchsplanung nach Shainin

Ausgehend von dem Grundschema Shainins muß je nach Bedarf entschieden werden, welche Methode wann sinnvoll benutzt werden kann. Es ist nicht immer notwendig alle Methoden anzuwenden, da es möglich ist, daß z.B. schon die Hinweisgeneratoren alleine die Problemursachen aufzeigen. Jedoch ist es immer wichtig bei der SVP, darauf zu achten, daß die ermittelten Fakten interpretiert werden und nicht die persönlichen Vermutungen von einzelnen Personen die Ergebnisse bestimmen. Im folgenden werden die einzelnen Methoden Shainins näher beschrieben.

Paarweiser Vergleich

Der Paarweise Vergleich ist eine Methode, um eine
Gruppe von wichtigen Einflußgrößen zu ermitteln. Um
sie anwenden zu können, müssen gute und schlechte
Teile, Baugruppen o.ä. zur Verfügung stehen. Gut und
schlecht bezieht sich dabei auf die Ausprägung des untersuchten Qualitätsmerkmals. Insbesondere ist dieses
Verfahren geeignet für Baugruppen oder Komponenten, die sich nicht zerstörungsfrei zerlegen und wieder
zusammensetzen lassen.

Jeweils eine gute und eine schlechte Einheit werden
zufällig zu einem Paar zusammengestellt. Bei jedem
Vergleichspaar werden nun Unterschiede zwischen der
guten und der schlechten Einheit bestimmt. Die Unterschiede können im Aussehen, in den Abmessungen, in
elektrischen, mechanischen, chemischen Merkmalen
usw. bestehen. Die benutzten Prüfungsmethoden können von der Sichtprüfung bis hin zum Einsatz von komplizierten Meßmitteln reichen. Die gefundenen Unterschiede werden notiert. Aus der Häufung von einzelnen Unterschieden lassen sich Rückschlüsse auf ent-
scheidende Einflußgrößen, darunter auch das Rote X
ziehen. Um gesicherte Aussagen zu bekommen, sollten mindestens sechs bis acht Paare verglichen werden.

Ergebnisse des Paarweisen Vergleiches

Bsp.: Vergleich von acht Getrieben

Paar-Nr.	Lage der Unterschiede	Art der Unterschiede	
		gute Einheit	schlechte Einheit
1		kein Rost Gratfrei Achslänge : 243,5	Flugrost □ Grat ○ Achslänge : 244,3 △
2		kein Gußfehler Achslänge : 243,3	Gußfehler ⊗ Achslänge : 244,2 △
3		Gratfrei	Grat ○
4		kein Rost Achslänge : 243,4	Flugrost □ Achslänge : 244,4 △
5		Gratfrei Achslänge : 243,5	Grat ○ Achslänge : 244,3 △

Häufigkeit der Unterschiede bei 8 Vergleichspaaren:

Achslänge △ : 7 — Rotes X

Grat ○ : 5 — Rosa X

Rost □ : 3

Gußfehler ⊗ : 1

Komponententausch

Beim Komponententausch werden wie beim Paarweisen Vergleich gute und schlechte Einheiten verglichen, um eine Gruppe von wichtigen Einflußgrößen zu bestimmen. Jedoch ist es bei dieser Methode notwendig, daß sich die Einheiten zerstörungsfrei in Komponenten zerlegen und wieder zusammensetzen lassen. Bei einer guten und einer schlechten Einheit wird das zu untersuchende Qualitätsmerkmal gemessen. Danach wird jede Einheit für sich zerlegt, wieder zusammengebaut und erneut vermessen. Haben sich die Meßwerte des Qualitätsmerkmals zu den vorher ermittelten wesentlich geändert, ist anzunehmen, daß sich das Rote X im Bereich der Montage befindet und dort weiter zu suchen ist.

Wenn sich die Meßwerte nicht wesentlich verändert haben, werden im nächsten Schritt alle Komponenten der Einheit nach der vermuteten Bedeutung absteigend geordnet und durchnumeriert. Es wird nun die erste Komponente der guten Einheit in die schlechte Einheit eingebaut und umgekehrt. Das Qualitätsmerkmal wird bei beiden Einheiten erneut gemessen und anschließend die Komponenten wieder zurückgetauscht. Gemäß der festgelegten Reihenfolge wird dieser Austausch mit jeder Komponente durchgeführt.
Die Meßergebnisse werden in einem Diagramm festgehalten. Tritt eine teilweise Änderung der Ausprägung des Qualitätsmerkmals auf, ist die entsprechende Komponente das Rosa X. Tritt sogar eine vollkommene

Umkehr von guter und schlechter Einheit auf, liegt das Rote X vor. Diese Komponenten sind dann weiter zu untersuchen.

Um die Ergebnisse zu bestätigen, werden die als wichtig ermittelten Komponenten noch einmal gemeinsam zwischen der guten und der schlechten Einheit ausgetauscht. Bei der Messung des Qualitätsmerkmals muß sich dann eindeutig eine Umkehrung von gut und schlecht ergeben.

Ergebnisse des Komponententausches

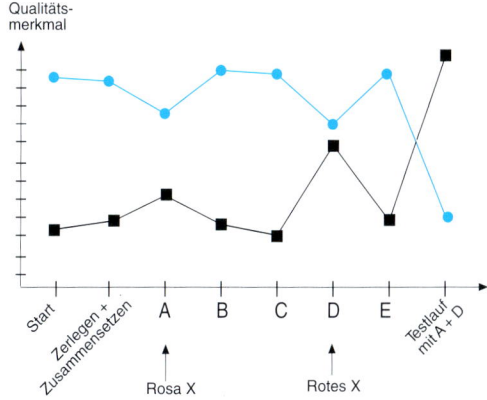

Multi-Vari-Karten

Auch die Multi-Vari-Karten ermöglichen es, die große
Menge der Einflußgrößen auf eine kleinere Gruppe zu
reduzieren, in der das Rote X enthalten ist. Die Einflüsse auf das Qualitätsmerkmal werden dazu in lagebedingte (innerhalb einer Einheit), in zyklische (innerhalb mehrerer Einheiten) und in zeitliche (in regelmä-
ßigen Zeitabständen) Streuungsursachen unterteilt. Die
Bedeutung jeder Ursachenart wird aus einem Diagramm
abgelesen.

Dazu werden aus dem zu untersuchenden Prozeß ca.
fünf Stichproben in gleichmäßigen zeitlichen Abständen (z.B. jede Stunde) entnommen. Jede Stichprobe
enthält in der Regel drei bis fünf Einheiten. An allen
Einheiten wird die Ausprägung des Qualitätsmerkmals
an einer oder mehreren Stellen gemessen. Die Ergebnisse werden in ein Achsenkreuz eingetragen. Auf der
waagerechten Achse wird die Zeit, auf der senkrechten
Achse das Qualitätsmerkmal abgetragen.
Zusätzlich können jeweils der Durchschnittswert der Einheiten und der gesamten Stichprobe eingezeichnet werden.

Das fertige Diagramm sollte von einer Gruppe interpretiert werden. Weichen die an einer Einheit gemessenen
Werte voneinander ab, liegt eine lagebedingte Streuung vor. Unterschiede zwischen den Mittelwerten der
einzelnen Einheiten zeigen eine zyklische Streuung an.
Eine zeitliche Streuung ist an der Spanne zwischen den
Mittelwerten der Stichproben zu erkennen.

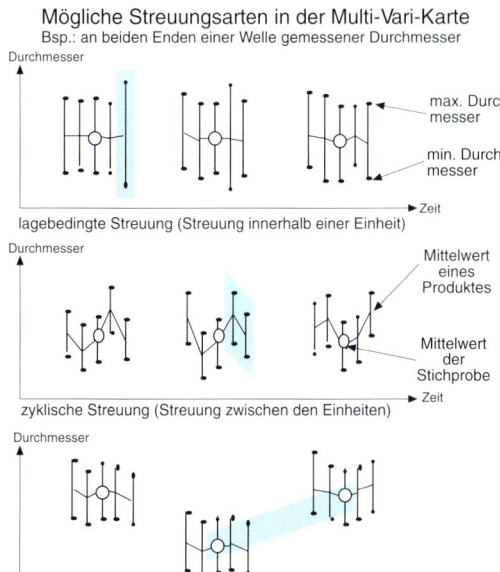

Mögliche Streuungsarten in der Multi-Vari-Karte
Bsp.: an beiden Enden einer Welle gemessener Durchmesser

lagebedingte Streuung (Streuung innerhalb einer Einheit)

zyklische Streuung (Streuung zwischen den Einheiten)

zeitliche Streuung (Streuung zwischen den Stichproben)

In den meisten Fällen treten alle drei Streuungsarten gleichzeitig auf, wobei jedoch eine Art überwiegt. Die Einflußgrößen, die diese Streuungsart bewirken, haben für das untersuchte Qualitätsmerkmal die größte Bedeutung und müssen deshalb im folgenden weiter behandelt werden. Häufig ergibt sich sogar schon nach Anwendung der Multi-Vari-Karten das Rote X und eine entsprechende Problemlösung.

Variablensuche

Mit den Hinweisgeneratoren wurden die vielen Einflußgrößen auf fünf bis zwanzig wichtige Größen begrenzt.
Nun werden mit Hilfe der Variablensuche die Haupt-
einflußgrößen auf das Qualitätsmerkmal, also das Rote
und Rosa X, bestimmt. Das Vorgehen ist dem des Komponententausches ähnlich. Während beim Komponententausch jedoch die einzelnen Bauteile untersucht
werden, geht es jetzt um die Prozeßgrößen des Ferti-
gungsprozesses.

Zuerst werden die gefundenen Prozeßgrößen nach ihrer vermuteten Bedeutung absteigend sortiert und mit
Buchstaben durchnumeriert (A, B, C, D usw.). Für jede
Prozeßgröße werden zwei Einstellstufen festgelegt, eine
gute (g), bei der eine gute Ausprägung des Qualitätsmerkmals erwartet wird, und eine schlechte (s), die
wahrscheinlich ein gerade annehmbares Ergebnis lie-
fert. Es werden nun zwei Versuche gemacht. Bei einem
werden alle Prozeßgrößen auf die gute, bei dem anderen alle auf die schlechte Stufe eingestellt. Die sich jeweils ergebenden Ausprägungen des Qualitätsmerkmals
müssen sich eindeutig unterscheiden. Zur Bestätigung
können beide Versuche noch einmal wiederholt werden. Ist kein großer Unterschied zu erkennen, sind entweder die einzelnen Einstellstufen oder die Prozeßgrößen falsch gewählt worden. Diese müssen dann neu
festgelegt werden.

Danach wird ein Versuch durchgeführt, bei dem die bedeutsamste Einflußgröße A auf ihre gute (A gut = Ag) und alle restlichen Größen auf ihre schlechte Stufe (Rest schlecht = Rs) eingestellt werden. Das Qualitätsmerkmal wird gemessen. Ist keine Änderung des Ergebnisses gegenüber dem Versuch mit nur schlechten Stufen zu erkennen, ist A eine unwichtige Prozeßgröße. Kehrt sich das Ergebnis jedoch teilweise um, liegt ein Rosa X vor. Bei vollständiger Umkehrung ist das Rote X gefunden. Daraufhin wird ein zweiter Versuch durchgeführt, bei dem jetzt A auf seine schlechte (As) und die restlichen Größen auf ihre gute Stufe (Rg) eingestellt werden. Ergibt sich auch hier, verglichen mit dem Versuch mit nur guten Einstellstufen, eine Umkehr des Ergebnisses, ist das Rosa X bzw. Rote X bestätigt. Im folgenden werden nun diese beiden Versuche für alle Prozeßgrößen durchgeführt. Damit können wichtige Prozeßgrößen von unwichtigen unterschieden und das Rote X und Rosa X bestimmt werden.

Zum Schluß werden in einem Bestätigungsversuch alle als wichtig eingestuften Prozeßgrößen auf ihre gute und alle restlichen auf ihre schlechte Stufe eingestellt. Die Ausprägung des Qualitätsmerkmals muß ein eindeutig gutes Ergebnis zeigen. In einem weiteren Versuch werden die wichtigen Größen auf ihre schlechte und die restlichen auf ihre gute Stufe eingestellt, wobei sich ein eindeutig schlechtes Ergebnis zeigen muß.

Das Ziel von sich anschließenden Maßnahmen muß es sein, die guten Einstellstufen der wichtigen Prozeßgrößen zuverlässig und dauerhaft zu erhalten. Bei den unwichtigen Prozeßgrößen ist zu prüfen, ob die bisherigen Toleranzgrenzen erweitert werden können, um eine Kosteneinsparung zu erzielen.

Ergebnisse der Variablensuche

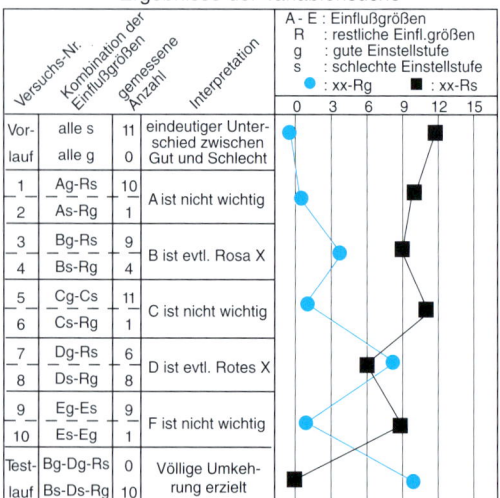

Versuchs-Nr.	Kombination der Einflußgrößen	gemessene Anzahl	Interpretation
Vor-	alle s	11	eindeutiger Unterschied zwischen Gut und Schlecht
lauf	alle g	0	
1	Ag-Rs	10	A ist nicht wichtig
2	As-Rg	1	
3	Bg-Rs	9	B ist evtl. Rosa X
4	Bs-Rg	4	
5	Cg-Cs	11	C ist nicht wichtig
6	Cs-Rg	1	
7	Dg-Rs	6	D ist evtl. Rotes X
8	Ds-Rg	8	
9	Eg-Es	9	F ist nicht wichtig
10	Es-Eg	1	
Test-	Bg-Dg-Rs	0	Völlige Umkehrung erzielt
lauf	Bs-Ds-Rg	10	

A - E : Einflußgrößen
R : restliche Einfl.größen
g : gute Einstellstufe
s : schlechte Einstellstufe
● : xx-Rg   ■ : xx-Rs

Erläuterungen:
Zur Beurteilung eines Prozesses wird die Anzahl der erzeugten fehlerhaften Einheiten in einer Stichprobe (n = 15) benutzt. Die Fehlerhaftigkeit bezieht sich auf das Qualitätsmerkmal der einzelnen Einheit.

Vollständiger Versuch

Sind durch Anwendung von entsprechenden Methoden die für das Qualitätsmerkmal wichtigen Einflußgrößen auf vier oder weniger reduziert worden, ohne daß das Rote X eindeutig bestimmt werden konnte, wird ein vollständiger Versuch durchgeführt. Das Ziel dabei ist es, die Haupteinflußfaktoren unter der Berücksichtigung der zwischen ihnen bestehenden Wechselwirkungen zu bestimmen. Für die vier oder weniger Einflußgrößen wird je eine gute und eine schlechte Einstellstufe festgelegt. Als schlechte Stufen werden häufig die aktuell verwendeten Werte benutzt. Als gute Stufen werden Einstellungen benutzt, von denen angenommen wird, daß sie eine bessere Ausprägung des Qualitätsmerkmals zur Folge haben.

Im folgenden werden nun alle Einflußgrößen auf allen Einstellstufen miteinander kombiniert, so daß bei vier Größen 16 Versuche durchgeführt werden müssen. Dazu wird eine Versuchsmatrix aufgestellt, die alle 16 Kombinationen enthält. Gemäß einer zufällig ausgewählten Reihenfolge werden dann die Versuche mit den verschiedenen Einstellungen durchgeführt. Bei jedem Versuch wird eine bestimmte Anzahl von Einheiten dem Prozeß entnommen und an ihnen das Qualitätsmerkmal gemessen. Diese Stichprobenanzahl richtet sich nach der bisher beobachteten Fehlerhäufigkeit (z.B. bei 5% Fehlerrate ca. 100 Einheiten, bei 50% ca. 20 Einheiten). Der Durchschnitt der Messungen wird als Versuchsergebnis in die Matrix eingetragen. Aus den Ergebnissen kann die beste Kombination abgelesen werden. Oft ist es sinnvoll, mit Hilfe einer Varianz-analyse, auf die hier nicht näher eingegangen werden kann, die Wechselwirkungen zwischen den Einflußgrößen näher zu untersuchen.

Versuchsmatrix

		A+		A-	
		C+	C-	C+	C-
B+	D+	1 | 5 34	2 | 10 16	3 | 7 3	4 | 8 22
	D-	5 | 2 **104**	6 | 13 24	7 | 11 67	8 | 4 10
B-	D+	9 | 1 58	10 | 14 19	11 | 6 0	12 | 15 31
	D-	13 | 16 5	14 | 9 96	15 | 12 18	16 | 3 31

beste Ausprägung (104) bei der Einstellung: A+ / B+ / C+ / D-

Feldnummer
x | y ← Versuchsnummer
z ← Ausprägung des Qualitätsmerkmals

A - D : Einflußgrößen
    + : gute Einstellstufe
    - : schlechte Einstellstufe

Vergleich A zu B

Die Methode des Vergleiches A zu B dient ganz allgemein dazu, zwei Prozesse miteinander zu vergleichen. Im Rahmen der Versuchsplanung können damit auf statistischer Grundlage der alte Prozeß (A=alt), der bisher verwandt wurde, mit dem besseren Prozeß (B=besser) verglichen werden. Dadurch ist es möglich, eine Verbesserung, die durch neue Einstellungen der Einflußgrößen eintreten soll, noch einmal zu bestätigen.

Es werden den beiden Prozessen zwei gleich große Stichproben mit normalerweise jeweils zehn oder mehr Einheiten entnommen. Alle Einheiten müssen zufällig und über einen Zeitraum verteilt entnommen werden. An jeder Einheit wird das Qualitätsmerkmal gemessen. Die Einheiten werden nun in eine Rangfolge von "sehr gut" bis "sehr schlecht" gebracht. Um die entstehende Rangfolge beurteilen zu können, wird die sogenannte Technik der Endzählwerte angewandt. Als Endzählwert wird dabei die Anzahl von Einheiten des gleichen Prozesses bezeichnet, die am Anfang und Ende der aufgestellten Rangfolge auftreten. Aus den ermittelten Einzelendzählwerten wird der Gesamtendzählwert gebildet.

Rangfolge zur Ermittlung der Endzählwerte:

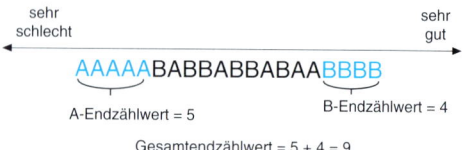

A-Endzählwert = 5

B-Endzählwert = 4

Gesamtendzählwert = 5 + 4 = 9

Es wird nun festgestellt, mit welcher statistischen Aussagesicherheit der Prozeß B sich von dem Prozeß A unterscheidet. Die Tabelle zeigt die notwendigen Werte des Gesamtendzählwertes und die entsprechenden Aussagesicherheiten.

Gesamtendzählwert	Aussagesicherheit
≥ 6	95 %
≥ 9	99 %
≥ 12	99,9 %

Wurde der B-Endzählwert auf der "sehr gut"-Seite und der A-Endzählwert auf der "sehr schlecht"-Seite der Rangfolge gezählt, ist anzunehmen, daß der Prozeß B besser ist als der Prozeß A. Dabei bleibt aber immer ein gewisses Risiko, daß durch die ermittelte Aussagesicherheit beschrieben wird.

Verursacht die Einführung des neuen Prozesses B sehr hohe Kosten, entscheidet man sich aufgrund der Ergebnisse des Vergleiches A zu B nur für den Prozeß B, wenn eine sehr hohe Aussagesicherheit für die erzielte Verbesserung gegeben ist.

Streudiagramme

Nachdem die wichtigsten Einflußgrößen des Qualitätsmerkmals gefunden und bestätigt worden sind, können mit Hilfe von Streudiagrammen die Werteeinstellungen dieser Größen noch einmal verbessert werden. Es lassen sich für das Rote X und das Rosa X Sollwerte und Toleranzen finden, die genau auf die Toleranzgrenzen des Qualitätsmerkmals abgestimmt sind. Für unwichtige Einflußgrößen können die kostengünstigsten Einstellungen ermittelt werden. Das Streudiagramm wendet dazu das Prinzip des Korrelationsdiagramms (siehe **Korrelationsdiagramm**) an.

Für die zu untersuchende Einflußgröße wird ein Wertebereich festgelegt, in dem vermutlich die optimale Einstellung liegt. Mit verschiedenen Einstellungen aus diesem Wertebereich werden nun 30 Einheiten erzeugt und deren Ausprägung des Qualitätsmerkmals gemessen. Die entstehenden Wertepaare werden in ein Korrelationsdiagramm eingezeichnet. Dabei wird auf der waagerechten Achse die Einflußgröße und auf der senkrechten Achse das Qualitätsmerkmal abgetragen. Wird eine wichtige Einflußgröße bearbeitet, muß sich eine starke Korrelation ergeben.

In die Punktwolke des Korrelationsdiagramms wird nun eine Ausgleichsgerade eingezeichnet. Auf beiden Seiten dieser Geraden wird zusätzlich eine Parallele gezogen, so daß sich ein Schlauch bildet, in dem alle 30 Wertepaare eingeschlossen sind. Auf der senkrechten

Achse werden nun realistische Toleranzgrenzen für das
Qualitätsmerkmal eingetragen. Von der oberen Toleranzgrenze wird eine waagerechte Linie bis zur oberen
Parallele und von diesem Schnittpunkt eine senkrechte
Linie nach unten gezogen. Das gleiche wird entsprechend für die untere Toleranzgrenze durchgeführt. Auf
der waagerechten Achse ergibt sich durch dieses Vorgehen ein Bereich, in dem die bestmögliche Einstellung der Einflußgröße liegt. In der Mitte dieses Berei-
ches liegt der Sollwert der Einflußgröße. Bei einem
Roten X oder Rosa X sollte der Sollwert mit der Hilfe
von Qualitätsregelkarten (siehe **Qualitätsregelkarten**)
überwacht werden. Bei einer unwichtigen Einflußgröße kann innerhalb des Toleranzbereiches die kosten-
günstigste Einstellung gewählt werden.

Streudiagramm

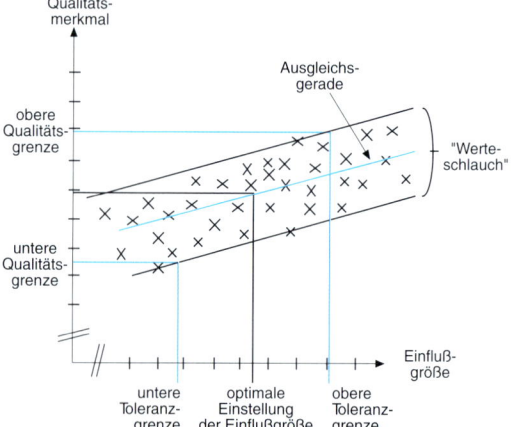

Statistische Prozeßregelung (SPR)

Worum geht es ?

Auf einen laufenden Prozeß wirken zufällige und systematische Einflüsse, so daß ein an einem Produkt gemessenes Qualitätsmerkmal von seinem Sollwert abweichen kann. Zufällige Einflüsse sind dabei die Summe vieler kleiner Einflüsse, die ständig vorhanden und über die Zeit immer gleich sind. Sie bilden die natürliche Streuung und sind nicht zu beeinflussen. Dagegen sind systematische Einflüsse einer oder wenige Haupteinflüsse, die nicht vorhersehbar sind und unregelmäßig auftreten. Es ist möglich, ihre Ursachen zu finden und abzustellen.

Um zu verhindern, daß ein so beeinflußter Prozeß Ausschuß produziert, wird mit der statistischen Prozeßregelung (SPR) der Prozeß durchgängig beobachtet und ggf. nachkorrigiert. Dadurch wird Ausschuß vermieden bevor er überhaupt entsteht.

Das Verhalten eines Prozesses kann mit Hilfe von Stichproben über statistische Größen wie Mittelwert und Streumaße (Standardabweichung, Spannweite) gemessen werden. Aus diesen Maßen werden in einer Maschinen- und einer Prozeßfähigkeitsuntersuchung Fähigkeitskennzahlen gebildet. Mit ihnen kann überprüft werden, ob der Prozeß überhaupt fähig ist, die an ihn gestellten Qualitätsanforderungen zu erfüllen. Sind die Fähigkeitskriterien nicht erfüllt, muß mit Hilfe von anderen Werkzeugen der Prozeß untersucht und verbessert werden. Ist der Prozeß schließlich fähig, wird mit Hilfe von Qualitätsregelkarten (siehe **Qualitäts-regelkarten**) die durchgehende Prozeßbeobachtung und -regelung durchgeführt. Treten dabei wieder systematische Fehler auf, muß der Prozeß erneut untersucht und verbessert werden.

Was bringt es ?

Mittels SPR kann überprüft werden, ob ein Prozeß ein Qualitätsmerkmal an einem Produkt sicher in den geforderten Toleranzen erzeugt. Ist dieser Zustand erreicht, ermöglicht die SPR, den Prozeß auf diesem Niveau zu halten und gegebenenfalls noch weiter zu verbessern. Auftretende Veränderungen des Prozesses werden durch die SPR direkt aufgezeigt. Durch das sofortige Nachregeln können Ausschuß und Nacharbeit vermieden werden.
Bei der SPR sollen fehlerhaften Einheiten nicht am Ende der Fertigung durch Sortieren herausgefunden, sondern schon während des laufenden Prozesses keine Fehler zugelassen werden (Null-Fehler-Produktion). Durch die Verwendung von Stichproben wird vermieden, daß hohe Kosten durch die Kontrolle jedes einzelnen Produktes entstehen. Die SPR wird daher besonders bei der Produktion von größeren Stückzahlen eingesetzt.

Wie gehe ich vor ?

Zuerst wird das Qualitätsmerkmal festgelegt, das statistisch geregelt werden soll. Es ist auch möglich, an einem Produkt mehrere Merkmale gleichzeitig mit Hilfe der SPR zu überprüfen. Außerdem wird ein Meßgerät

bestimmt, das eine genügend große Meß- und Wiederholgenauigkeit zur Erfassung des Merkmales hat.

Es folgt die Fähigkeitsuntersuchung, aufgeteilt in eine
Maschinen- und eine Prozeßfähigkeitsuntersuchung.
Fähigkeit bezeichnet hierbei das Verhältnis zwischen
der gegebenen Konstruktionsanforderung (Toleranz-
breite) und der Güte der Maschine bzw. des Prozesses
(Streubreite).

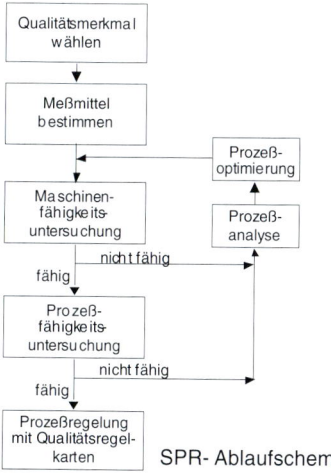

SPR- Ablaufschema

Bei der *Maschinenfähigkeit* werden Kennzahlen ermittelt, die das kurzfristige Streuverhalten und die Ferti-
gungs- und Wiederholgenauigkeit der Maschine wie-
dergeben, wenn nur maschinenbedingte Einflüsse wirken. Dazu wird aus der unter normalen Bedingungen

laufenden Maschine eine Stichprobe aus 50 Einheiten
entnommen, die direkt hintereinander gefertigt wurden.
Während der Fertigung dieser Einheiten müssen die
äußeren Bedingungen (Maschinenbediener, Temperatur usw.) möglichst konstant gehalten werden. Mit den
Formeln

$$\overline{X} = \frac{1}{n}\sum_{i=1}^{n} x_i = \frac{1}{50}\sum_{i=1}^{50} x_i$$

$$s = \sqrt{\frac{\sum_{i=1}^{n}\left(x_i - \overline{x}\right)^2}{n-1}} = \sqrt{\frac{\sum_{i=1}^{50}\left(x_i - \overline{x}\right)^2}{49}}$$

werden dann aus der Stichprobe der Mittelwert $\overline{x}$ und die
Standardabweichung s berechnet. x_i sind dabei die 50
ermittelten Meßwerte.
Mit der Hilfe von $\overline{x}$ und s werden nun die Maschinen-
fähigkeitskennzahlen c_m und c_{mk} berechnet:

$$c_m = \frac{\text{Toleranzbreite}}{\text{Streubreite}} = \frac{\text{OTG} - \text{UTG}}{6s}$$

$$c_{mk} = \frac{Z_{\text{kritisch}}}{3s}$$

$$Z_{\text{kritisch}} = \text{Minimum}\left(\text{OTG} - \overline{X}; \overline{X} - \text{UTG}\right)$$

Um die Toleranzbreite des Qualitätsmerkmales zu berechnen, wird die untere Toleranzgrenze (UTG) von der
oberen Toleranzgrenze (OTG) abgezogen. Weiterhin
wird die Streubreite der Maschine durch die 6-fache
Standardabweichung s aller gemessenen Einheiten wiedergegeben.

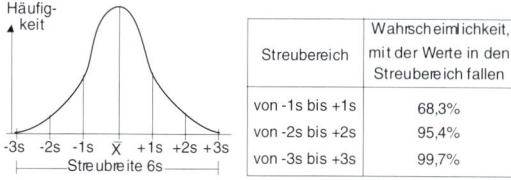

Streubereich	Wahrscheinlichkeit, mit der Werte in den Streubereich fallen
von -1s bis +1s	68,3%
von -2s bis +2s	95,4%
von -3s bis +3s	99,7%

Streubreiten und Streubereiche einer Normalverteilung

Bei c_m wird die Streuung der Maschine berücksichtigt, bei c_{mk} zusätzlich die Abweichung des Mittelwertes vom Zielwert. Die Maschine wird in der Regel als fähig bezeichnet, wenn $c_m \geq 1,33$ und $c_{mk} \geq 1,33$ ist.

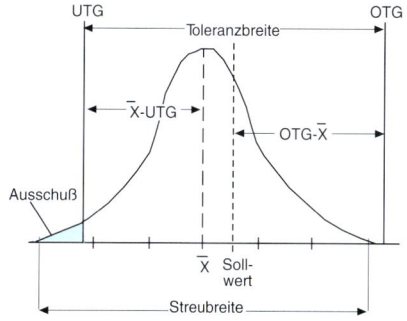

grafischer Zusammenhang zwischen Steubreite und Toleranzbreite

Ist die Maschinenfähigkeit sichergestellt, wird die *Prozeßfähigkeit* überprüft. Sie gibt das langfristige Streuverhalten des gesamten Prozesses wieder. Es werden alle äußeren Einflüsse durch Mensch, Maschine, Material, Methode und Arbeitsumgebung berücksichtigt. Dazu werden k Stichproben mit je n Einheiten über einen Zeitraum hinweg (z.B. eine Schicht, ein Tag) in gleichmäßigen Abständen aus dem laufenden Prozeß entnommen. Normalerweise sind dies 25 Stichproben (k) mit je fünf Einheiten (n), so daß bei insgesamt 125 Einheiten das Merkmal gemessen wird. Für jede Einzelstichprobe wird gemäß den oben genannten Formeln der Mittelwert $\overline{x}$ und ein Streumaß (Standardabweichung s oder Spannweite $R = x_{max} - x_{min}$) berechnet. Aus diesen errechneten Werten werden ein Gesamtmittelwert $\overline{\overline{x}}$ und ein Gesamtstreumaß ($\overline{s}$ oder $\overline{R}$) berechnet:

$$\overline{\overline{X}} = \frac{\overline{X}_1 + \overline{X}_2 + \cdots + \overline{X}_k}{k}$$

$$\overline{s} = \frac{s_1 + s_2 + \cdots + s_k}{k}$$

$$\overline{R} = \frac{R_1 + R_2 + \cdots + R_k}{k}$$

Analog zur Maschinenfähigkeit werden die Prozeßfähigkeitskennzahlen c_p und c_{pk} berechnet:

$$c_p = \frac{\text{Toleranzbreite}}{\text{Streubreite}} = \frac{OTG - UTG}{6\hat{\sigma}}$$

$$c_{pk} = \frac{Z_{kritisch}}{3\hat{\sigma}}$$

$$Z_{kritisch} = \text{Minimum}\left(OTG - \overline{\overline{X}}; \overline{\overline{X}} - UTG\right)$$

Die Toleranzbreite des Prozesses ist dabei wie oben die Differenz zwischen den gegebenen Toleranzgrenzen OTG und UTG. Die Streubreite wird durch die 6-fache Standardabweichung $\hat{\sigma}$ wiedergegeben. $\hat{\sigma}$ wiederum wird aus dem ermittelten Gesamtstreumaß mit folgender Formel berechnet:

$$\hat{\sigma} = \frac{\overline{R}}{d_2} \quad oder \quad \hat{\sigma} = \frac{\overline{s}}{c_4}$$

von Stichprobengröße n abhängige Konstanten:

n	2	3	4	5	6	7	8	9	10
d_2	1,128	1,693	2,059	2,326	2,543	2,704	2,847	2,970	3,078
c_4	0,789	0,886	0,921	0,940	0,952	0,959	0,965	0,969	0,973

Man spricht in der Regel von einem fähigen Prozeß, wenn $c_p \geq 1,33$ und $c_{pk} \geq 1,33$ sind. Die Tendenz in der Praxis geht aber dahin, Werte von mindestens 1,67 zu fordern. Dadurch wird angezeigt, daß der Prozeß auf längere Sicht die an ihn gestellten Qualitätsanforderungen erfüllen kann. Sowohl für die Maschinen als auch für die Prozeßfähigkeitskennzahlen gilt, um so höher sie sind, desto besser werden die gestellten Anforderungen erfüllt.

Beispiel	Prozeßfähig-keitskennzahl	Beurteilung
1.	$c_p < 1$	keine Prozeßfähigkeit, hoher Ausschußanteil
2.	$c_p = 1$	keine Prozeßfähigkeit, bei genauer Zentrierung kaum Ausschuß (0,27%=2700ppm)
3.	$c_p = 1,33$	gute Prozeßfähigkeit, minimaler Ausschußanteil (0,0064%=64ppm)
4.	$c_p \geq 1,67$	sehr gute Prozeßfähigkeit, statistisch kein Ausschuß mehr
5.	$c_{pk} < 1$	keine Prozeßfähigkeit, Prozeß ungenügend zentriert, hoher Ausschußanteil
6.	$c_{pk} \geq 1,33$	gute Prozeßfähigkeit, Prozeß genügend zentriert, geringer Ausschuß
7. siehe 1. - 4.	$c_p = c_{pk}$	Prozeß genau auf der Mitte der Toleranzbreite eingestellt

Werden die Fähigkeitswerte nicht erreicht, muß die Maschine bzw. der Prozeß hinsichtlich der Ursachen untersucht und dann verbessert werden. Die Fähigkeitsuntersuchung ist danach erneut durchzuführen. Mögliche Anzeichen für die Unfähigkeit können sein:

- zu geringe Zentrierung (die Merkmalsausprägungen liegen im Mittel nicht auf dem Zielwert)
- zu hohe Streuung (die Merkmalsausprägungen streuen zu stark)
- zu enge Toleranzen ("Angsttoleranz", die geforderten Toleranzen sind zu vorsichtig gewählt) Achtung: genaue Überprüfung!

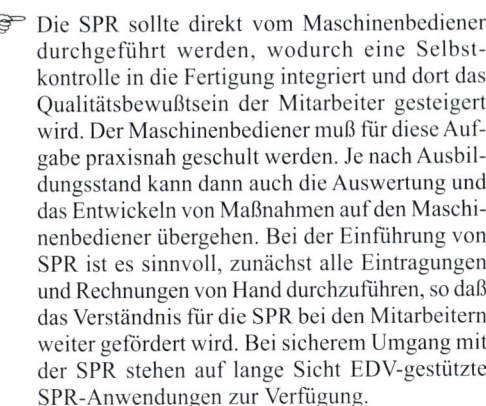 Die SPR sollte direkt vom Maschinenbediener durchgeführt werden, wodurch eine Selbstkontrolle in die Fertigung integriert und dort das Qualitätsbewußtsein der Mitarbeiter gesteigert wird. Der Maschinenbediener muß für diese Aufgabe praxisnah geschult werden. Je nach Ausbildungsstand kann dann auch die Auswertung und das Entwickeln von Maßnahmen auf den Maschinenbediener übergehen. Bei der Einführung von SPR ist es sinnvoll, zunächst alle Eintragungen und Rechnungen von Hand durchzuführen, so daß das Verständnis für die SPR bei den Mitarbeitern weiter gefördert wird. Bei sicherem Umgang mit der SPR stehen auf lange Sicht EDV-gestützte SPR-Anwendungen zur Verfügung.

Eine sorgfältige Aufnahme der Daten und Berechnung der Kennzahlen ist bei der Anwendung der SPR notwendig. Für eine Prozeßverbesserung genügt dies allein jedoch nicht, denn nur eine genaue Auswertung und Untersuchung von Ursachen sowie ein geordnetes Vorgehen bei der Problemlösung und der Durchführung von Maßnahmen verbessert die Prozesse und steigert deren Fähigkeit. Man sollte daher nicht zu viele Merkmale mit der SPR überwachen, sondern sich auf wenige wichtige beschränken. Stellt sich dann ein Prozeß über längere Zeit als fähig ($c_{pk} \geq 2$) heraus, kann die Aufmerksamkeit auf weniger fähige Prozesse gelenkt werden.

Ergänzende Literatur

Allgemein zu Qualitätstechniken:

Kamiske, G.F.; Brauer, J.-P.: Qualitätsmanagement von A bis Z. 2. Auflage, München, Wien: Hanser 1995

Masing, W.: Handbuch Qualitätsmanagement. 3. Auflage, München, Wien: Hanser 1994

Pfeifer, T.: Qualitätsmanagement. 2. Aufl. München, Wien: Hanser 1996

Gogoll, A.; Theden, P.: Techniken des Quality Engineering In: Kamiske, G. (Hrsg.): Die Hohe Schule des Total Quality Management. Berlin, Heidelberg: Springer 1994

Zu den Q7:

Ebeling, J.: Die sieben elementaren Werkzeuge der Qualität In: Kamiske, G. (Hrsg.): Die Hohe Schule des Total Quality Management. Berlin, Heidelberg: Springer 1994

Zu den M7:

Gogoll, A.: Management-Werkzeuge der Qualität. In: Kamiske, G. (Hrsg.): Die Hohe Schule des Total Quality Management. Berlin, Heidelberg: Springer 1994

Zur QFD:

Akao, Y.: QFD - Quality Function Deployment. Landsberg/Lech: Moderne Industrie 1992

Bläsing, J. P.: Quality Function Deployment - Qualitäts-
planung mit der QFD-Technik.
In: Kontrolle, (1989) Heft 6, S. 7-9

Zur FMEA:

Franke, W.: FMEA - Fehlermöglichkeits- und -
einflußanalyse in der industriellen Praxis. Landsberg/Lech:
Verlag Moderne Industrie 1987

DGQ - Deutsche Gesellschaft für Qualität (Hrsg.):
DGQ - Schrift 13 - 11: FMEA - Fehlermöglichkeits- und
Einflußanalyse. Berlin: Beuth 1993

Zur SVP:

Bhote, K.: Qualität - Der Weg zur Weltspitze. Großbottwar:
Institut für Qualitätsmanagement 1991

Quentin, H.: Versuchsmethoden im Qualitäts-Engineering.
Braunschweig, Wiesbaden: Vieweg 1994

Zur SPR:

Rinne, H.; Mittag, H.-J.: Statistische Methoden der Quali-
tätssicherung. 3. Auflage, München, Wien: Hanser 1995

DGQ - Deutsche Gesellschaft für Qualität (Hrsg.):
DGQ - Schrift 16 - 33: SPC3 - Anleitung zur statistischen
Prozeßlenkung. Berlin: Beuth 1990

T. Pfeifer
Praxishandbuch Qualitätsmanagement
400 Seiten, 191 Bilder, 41 Tabellen. 1996.
Gebunden. ISBN 3-446-18156-3

Dieses Buch bietet Übungen und Praxisbeispiele für die
Umsetzung des Qualitätsmanagements im Unternehmen.
Es ist die sinnvolle Erweiterung des erfolgreichen Grund-
lagenwerkes "Qualitätsmanagement" von Pfeifer. Syste-
matisch werden alle Bereiche, von der Produktplanung
bis zum Kundenservice, auf ihre Verbesserungsmöglichkeiten durch Qualitätsmanagement untersucht.

Das Buch zeigt Praxisbeispiele aus den Bereichen:
Quality Function Deployment – Statistische Versuchs-
methodik – Konstruktions- und Prozeß-FMEA – Liefe-
rantenaudit/Produktaudit – SPC/Prüfdatenauswertung –
Felddatenerfassung und -verarbeitung – Zertifizierung/
QM-Handbuch – Qualitätskosten – TQM-Werkzeuge –
Rechtsfragen

T. Pfeifer
Qualitätsmanagement
Strategien, Methoden, Techniken. 550 Seiten, 307 Bilder,
2 Tabellen. 2., vollständig überarbeitete Auflage 1996.
Gebunden. ISBN 3-446-18579-8

Das Buch vermittelt anschaulich und praxisnah ein solides
Grundwissen zu den Systemen, Verfahren, Methoden
und Ideen des Qualitätsmanagements, orientiert an den
einzelnen Phasen der Produktentstehung. Es gibt dem
Leser die Möglichkeit, Grundkenntnisse des industriellen Qualitätsmanagements zu erwerben und zu vertie-
fen und bereits Erlerntes in kurzer Zeit wieder aufzu-
frischen.

Carl Hanser Verlag
Postfach 86 04 20, 81631 München
Tel. (0 89) 9 98 30-0, Fax (0 89) 98 12 64